翻轉學

翻轉學

翻轉學

翻轉學

# 保持距離又不失禮的人際應對術

主導你和主管、同事、親友的相處，
讓你得體地拒絕，沒負擔地拉近關係

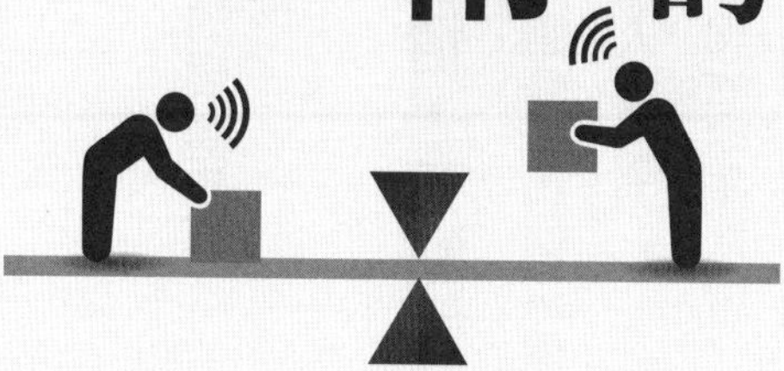

金範俊김범준——著　林建豪——譯

나를 피곤하게만드는 것들과 거리를두는 대화법

# 目錄

## 第2章▼這些事，更須保持人際距離



## 第3章▼懂得拿捏分寸，不踩線

## 第5章 ▼ 為了遇見更好的人，遠離不良關係



## 第6章 ▼ 這樣說，不造成傷害也避免被傷害

## 第7章▼用一句話破冰

# 好評推薦

「勇敢的定義，是可以對付『口無遮攔』和『任意妄為』的人。透過這本書，是自我療癒的第一步。」

——貝姬 Becky，OUIFIE 歐洲家飾創辦人、作家

「人際關係讓你頭痛莫名？逢年過節讓人分外想死？別怕別急，這本書教你保持距離的方法，還有面對惱人問題的招式，不只維護自尊，還能回得漂亮又得體。」

——洪培芸，《人際剝削》作者、臨床心理師

「我常被問到，如何拒絕他人不當的要求？拒絕了，似乎冒犯到對方，不拒絕，又讓自己感到委屈不已。我發現，不論大人或小孩，都有這樣的煩惱——如何明確地

拒絕或表達自己的感受，但又不會造成誤會、尷尬或令對方受傷。我很期待這本好書，將會是有這類困擾人們的人際相處葵花寶典。」

——陳志恆，諮商心理師、作家

「年過三十後，每次回台灣最容易遇到親戚長輩的『關愛』，而那些關愛往往總是讓身為聽者的我感到十分不適。而我也從二十代後半只會忍著不回話，一直到而立之年，終於忍不住回話，然後我就被我媽念了一頓，說我不該這樣對長輩回話。其實就傳統的觀念來看，身為後輩的人的確該無條件忍讓，但我認為長輩也沒有權利無條件說出一些『會讓人感到難過的話』。而這個道理不只套用在家人身上，更套用在更多生活的環節上。人與人的相處、對應，一直到現在都是我的課題，我相信也是許多人正在面對或曾經面對過的課題。這本書告訴你的建議回答，我想不一定適合每個人，選擇推薦這本書最大的原因是因為：『我們面對這樣的課題，有時會忽略一些該怎麼應對的反應』，透過每個章節、每個話題，我們會發現自己忽略的部分與可以學習的部分。但願看過這本書的各位，也能從中找到一些解答。」

——鄭E子，B型女的日韓走跳人生版主

前言
# 向刺蝟學習人際關係的理想距離

「為何要離開韓國呢？」

我這麼問目前已移居加拿大的某位朋友，他回答：「現在，沒有一堆社交上的顧慮，不會再互相干涉彼此的生活，我覺得輕鬆多了。」

在韓國，通常初次見面時會問：「請問你幾歲呢？」第二次見面：「你從事哪一方面的工作呢？」第三次見面：「你是哪裡人？」第四次見面：「你是哪所大學畢業的呢？」第五次見面則問：「你結婚了吧？嗯？還沒結婚？為什麼呢？」第六次見面……因為已經受夠沒完沒了的疑問，於是便正式展開回應。

「你對現在的工作覺得滿意嗎？聽說最近那一行的景氣不太好耶，我們這一行的前景不錯，你可以試著研究一下」、「你不是正職？看來還需要多努力一點才行啊」、

「你不是讀首爾的大學？沒關係啦，研究所再努力就好了」、「你還沒結婚？唉，這樣怎麼行呢？當然要結婚呀」、「你不想生小孩？那幹麼要結婚啊」……習慣性「盲目地提出疑問」和「盲目地解釋」的人都有一項特徵，就是總喜歡費盡心思和他人比較。我住的大樓是否有比別人更好、我是否過得比其他人更好……每天腦子裡都充滿這一類的雜念。

如果只是自己私下比較就算了，但有些人會鎖定對象比較且樂在其中，更進一步造成了各式各樣的問題。通常這類人不懂得想維持良好的關係就必須保持適當距離，而這一類「不懂得保持距離」的人，通常都會讓我覺得不自在且厭煩。我討厭那些喜歡依自己喜好把「無謂的比較」當作家常便飯，且不懂得與他人保持距離的那些人。

或許有人會說：「講討厭這種話未免也太不負責任了吧？至少給點具體一點的理由呀！」老實說，我討厭那一類人的心態，討厭真的非得要有理由嗎？討厭是一種保護身心的最基本防禦措施。我只想為自己而活、只想要愛自己，因此我希望自己的領域能受到尊重。倘若有人擅自破壞和我之間的距離，無論對方是誰，我都有權利討厭，正確來說是我們都能表示討厭。

我並不是盲目討厭所有人，只是討厭那種不懂得保持適當距離的人而已。我喜歡與他人來往，我之所以想要認真度過每一天，就是因為想要認識更好的人。我只是想要增加和「懂得與他人維持適當距離的人」一起相處的時間。

當氣候變涼時，為了防禦寒冷與提升體溫，刺蝟會聚集在一起取暖。此時如果太靠近，可能會被其他刺蝟刺傷，但如果距離太遠就會難以維持體溫而冷死。於是，刺蝟會下意識避免刺傷其他同伴，懂得尋找能互相取暖的「適當距離」。生存關鍵就在於「不會因為太接近而刺傷對方，同時還能利用彼此的體溫戰勝寒冷的距離」。

具備智慧是人類專屬的特權，我認為智慧的真正涵義也包括了「能向刺蝟學習的謙虛之心」。倘若懂得從刺蝟的生存方式中找出「增進關係的方法」，那就能證明我們具備智慧，我從刺蝟保持距離的行為中學會了與他人相處時也該保持距離的道理。

就如同刺蝟保持適當距離創造生存條件一樣，人與人之間保持的距離將會決定生命的恆定性與完整性。縮短距離、保持距離及增加距離的過程，讓我們的生命能趨向健全，藉由尊重彼此能讓社會往更美好的方向發展。

之前曾經發生過一起父親痛失愛子的悲慘事件，深受許多關注，而且眾多媒體都前往採訪，但當時那位父親並未接受採訪。想必他當時也因為憤怒和無力而沒有心思和他人交談吧。為何會發生這種事？誰該負責呢？誰又該接受懲罰？更重要的是，真相至今尚未水落石出，想必那股憤怒不可能平息吧。

由於尚未調查出意外的原因、過程和結果，媒體採訪的熱度依舊不變，後來那位父親終於答應接受某個媒體的專訪，有人曾問：「為何你拒絕其他採訪，唯獨接受那間媒體的專訪呢？」他回答：「大家見到我時，一開始都會叫我加油和打起精神，接著就會針對自己好奇的部分提出疑問。我接受採訪的那間電視台的製作人並不會這樣，他什麼話都沒說，也沒有使用攝影機對著我，或者是冒然就拿出筆和紙。他只是靜靜地坐在我會經過的地方，一個不會讓我感到有壓力的街道上，看見他的行動後我便答應接受採訪。」

有人說：「當我們覺得難受時，最大的慰藉就是有一個願意陪你哭泣的人」，但比起陪伴我們哭泣，更暖心的是「保持適當的距離且靜靜地坐在一旁」。此時的「保持距離」並非指不要牽扯上任何關係的消極態度，而是雙方真正形成共鳴的表現。換句話說，就像是默默地坐在因為喪子而悲憤無力的該名父親身旁。**保持適當距離是一種積極主動維持美好人際關係的行為，同時也是讓日常生活獲得昇華的生存之道**。

常言道：「若是想要優質的生活，只要多做好事，並且少做壞事即可。」我相當認同，在此我想要補充一句話：「若想要和好人締結良好的關係，就要多認識一些優質的人，並且少和劣質的人來往。」因此，我想要藉由這本書談談「人際關係的理想距離」，與其尋找和日常生活毫不相干的理論，我想要從生活「當下」發生的無數事例中，找出讓世界更美好的「保持距離之道」。透過「保持距離」消弭我們和他人之間的分歧，倘若世界能因此變得更溫暖一點，身為本書作者的我將感到非常欣慰。

# 第1章

# 零距離傷感情，有點距離剛剛好

# 1 〇・〇一公分的距離，讓關係保鮮

一九九四年的香港電影《重慶森林》，當中有一段經典的台詞：

「每天你都有機會和很多人擦身而過，而你或者對他們一無所知，不過也許有一天他會變成你的朋友或是知己。

我是一個警察，我的名字叫何志武，編號二二三。

我們最接近的時候，我跟她之間的距離只有〇・〇一公分，五十七個小時之後，我愛上了這個女人。」

雖然上映年代距今已經很遙遠，但這部電影是三位享譽全球的演員金城武、林青霞、梁朝偉共同主演的作品。前述台詞是金城武於電影第一個場景中的獨白，內容提到「我跟她之間的距離只有○．○一公分，我愛上了這個女人」，讓人有種內心澎湃的感覺。

試著想像我和某人之間的距離，我和老婆之間的距離呢？我和孩子之間的距離呢？我和朋友之間的距離呢？我和教授之間的距離呢？我和後輩之間的距離呢？我和世界之間的距離呢？我們渴望愛情到來、祈願能夠成功、同時期待獲得幸福。幸福始於和「他們」之間的關係，關係則會決定距離，會是令人內心澎湃的關係呢？還是看了就令人倒胃口的關係呢？一切都取決於距離的健全狀態。慚愧的是，我也曾經是在人際關係上不懂得保持距離的人，至今亦是如此。

這是發生在不久前的事，我參加了一個閱讀書籍後共同討論的聚會。那天，有兩名女性參加者在談論某本書的作者，該作者是一名很喜歡攀岩的女性，聽見此一事實後，我的腦海中突然浮現「竟然有女性會去攀岩」這種不合時宜的想法。我無法擺脫這樣的偏見與錯覺，在討論過程中，有一位女性參加者從社群媒體ＩＧ中找到了該名作者的照片，好奇的我也看了照片。

到這個部分為止都還好，直到我說出「噢，外表看起來蠻正常的呀？」這句荒謬的言論，氣氛瞬間降到冰點。雖然平常我們是保持適當距離且互相支持彼此意見的關係，但我的一句話讓我們之間的關係徹底瓦解了。旁邊的另一位參加者表情嚴肅地斥責說：「外表看起來蠻正常是什麼意思呢？」我基於羞愧，當下什麼話都說不出口。我們大概無法在短時間內改變自己的想法，但當你和他人交談時，必須思考一下適當的表達方法。

回想這段期間我說話的口氣，腦海中頓時浮現自己過去說出許多帶有性別偏見的言論。舉例來說，我曾說過：「幹麼要去讀女子大學?應該很無趣吧！」「聽說高學歷女生的八字也很硬？」「當女生是不是像在玩遊戲啊？」之類的話，在回想起這些話的過程中，連我自己也覺得很羞愧。不只是針對女性而已，我還曾對小朋友說：「國小竟然也懂這種事，太厲害了吧！」對學歷高中畢業但事業相當有成就的同好會後輩說：「沒有讀大學卻能把事業經營得這麼好！帥喔！」對寫小說獲得文學獎的全職主婦朋友說：「有小孩還有時間寫小說喔？不管怎麼樣，真是太了不起了！」這些都是我自以為是的稱讚，但事實上卻是令人羞愧的糗事案例。

隨口說出自己內心的想法是一種錯估自己與對方之間的距離、愚蠢無知的行為，它也可能是一種藐視對方的行為。「說話不經大腦」就是在說我這種人吧！真是令人羞愧，我竟然會用「很正常」這個字眼來評論一名作家的外貌，對聽者來說，我這種行為就和「語言暴力」沒有兩樣。雖然有點晚，但我希望藉由本書向當時的兩位女性以及不曾謀面的該名作家表示歉意。

調整並且保持與他人的距離，並不只是保護自身的領域而已，還包括努力尊重對方的領域。為了取得對於某人的「理解」（insight）而擅自踩進對方的「私領域之中」（inside）是一種無禮與狂妄的行為，沒有觀察對方的界線與想要維持的距離就冒然接近某人，等同於單方面的暴力行為，無法發展成一段美好的關係。若是希望與某人之間的距離發展為「愛的距離」，應該注意自己的言語中是否充滿太多失禮的表達方式。只可惜過去的我並沒能領悟這一點。

《重慶森林》的開頭是從距離找到愛情，而現在我想介紹一下該電影的結尾片段，最後一幕就和電影開頭一樣是主角金城武的獨白：

「有一個女人跟我講了一聲『生日快樂』，
因為這一句話，我會一直記住這個女人。
如果記憶也是一個罐頭的話，我希望這罐罐頭不會過期；
如果一定要加一個日子的話，我希望是一萬年。」

電影中的主角何志武在「不到〇・〇一公分的距離」找到了愛，他談了一場真正的戀愛，而那場美麗戀情的結尾是「有效期限一萬年的愛」，真是一段美麗的戀情。因為對自己與另一半之間的距離有相當程度的敏感度，才能創造出這樣的愛情。

目前我的「距離接受度指數」依然處於快樂的階段，我很認真地在反省，同時叮嚀自己要努力找出「讓人生過得更漂亮的方法」。雖然有點太晚，但從現在起，我會不遺餘力地探索「讓愛情萌芽的距離」。是透過保持適當距離讓關係站在愛情的起跑線呢？或者是讓彼此關係到達分手的終點站呢？

至少，我想成為能看穿這些距離的人。我希望我的人生不會「因為距離」而變得一團糟，而會因為「距離」變得更美好，想要透過距離，讓生活之中出現美好畫面的頻率更高。

# 2 距離感反而提升人際智力

有一位女性朋友和她的男朋友分手了。

「那是幾個月前的事情，當時我們兩人還在交往，我們相約在一個地方碰面，男朋友說我們認識那麼久了，想帶他的兩個朋友來介紹給我認識，當時我很開心，因為能和他的朋友見面，但是……」

約會過程中男友的電話突然響了，他瞄了一下手機螢幕後便匆匆忙忙走到外面，過了好一段時間才回來。

「是誰呢？」

「嗯，沒事。」

明明是問「誰」打來的，但男朋友卻回答「沒事」，頓時讓那位女性感受到一股莫名的距離感。問題並沒有這樣就結束，男友的其中一名朋友想要成為電影導演，不過他卻毫不掩飾地聊起當副導等職務時認識的女明星與自己之間的關係，而且內容都很低級。很多男人的話題其實都是如此，如同炫耀般地聊些在夜店認識的異性，以及進展到哪裡了，通常內容都讓人相當傻眼。

更令人生氣的是，男朋友聽完他們說的話後還會邊笑邊附和。男友那令她捉摸不定的態度讓該名女性覺得相當絕望，另一方面也開始懷疑「對方真的是自己認識的那個人嗎？」兩人終究還是走向了分手之路。

我能理解她的心情，那些男人完全沒有距離概念。假設是前女友打來的電話，那就應當對現任女友老實說：「前女友打來的，我出去接一下電話。」朋友們高聲談論自己閱人無數的風流史時，應拿出魄力讓他們「適可而止」才對。

許多人都因為與他人之間的不當距離而讓自己覺得好累，大部分的人都因為不擅長保持距離，一直到了中年才終於明白該如何設定與他人之間的距離。

有一個剛滿四十歲的後輩曾說過這麼一番話：「到了四十歲後，特別會去思考與他人之間的關係，得出的結論就是，與其勉強維持關係，『合理的絕交』對人生更有助益。人生苦短，要尋找和我產生化學反應的好對象都不夠時間了，怎能把時間浪費在毫無意義的人際關係上呢？現在我終於明白此一道理。」

接著他又說：「現在，我是由心來決定人際關係，而不是用頭腦。」

保持距離並不只適用於異性，這是一種潛意識中的情緒反應。在承認這個情緒反應的瞬間，我們的心靈就能獲得自由，這段期間受到拘束的情緒因為保持適當距離而得以獲得解脫。

無論是多麼熟悉的關係、多麼親近的距離，只要一個不當的言行就會搞砸彼此的關係。飽受不具備基本距離感之人的言行舉止所折磨，是每個人都厭惡的事，因為沒有人想把自己的時間浪費在不懂得體貼他人的人身上。我當然也不例外，我不想把自己的生命用來應付那些沒有距離感的人，讓自己的人生過得那麼累。

必須要能感受到距離感，但不能因為距離感而覺得痛苦。有些東西往往要距離越遠才能看清楚，與他人來往時若是未能感受到距離感，那反而要小心謹慎。趁現在確認一下與他人之間的距離，若是因為沒感受到距離感而傷害了對方，盡可能用言語道歉，至少內心要覺得愧疚。

「距離感」英文是「a sense of distance」，也就是「對於距離的感覺」，它具備肯定性的意思。不過，很多人都誤解了距離感的意思，以為距離感是「疏離某人」的負面意思，認為那是有「依附關係」或「關係創傷」的人使用的詞彙。但其實並不然，距離感是所有人都須培養的「人際智力」（interpersonal intelligence，察覺並區分他人的情緒、意向、動機及感覺的能力）。

每個人都應該在關係中找到自己本來的位置，透過「與某個對象保持適當距離」衡量彼此的距離感。

若是有人對你說：「總覺得我們之間有距離感，讓人覺得有些難過」，你該回答說：「我很開心，這代表我們之間的關係能變得更好！」希望我們都能和他人成為這樣的關係。感到和他人之間有距離、懂得測量距離、懂得保持適當的距離，我們才能看見對方真正的模樣。

# 3 適當距離，巧妙調節關係溫度

「detail」是指縫製衣服的過程中細部裝飾的總稱。通常用於「部分」或「細部」的意思，那麼它沒有其他意思嗎？雖然我對英文沒有太深的研究，但還是鼓起勇氣挑戰分析此一詞彙的語源。

**de + tail（de ＝剪裁，tail ＝尾巴）**

有句話說：「忠於本質」，我將這句話解釋為「去蕪存菁」。

忠實於生命的細節，是把自身存在視為最優先的價值，不執著於瑣碎的小事。也就是不要一味地執著於和尾巴一樣瑣碎的事情，避免因小失大，導致發生讓自己造成更大損失的不幸之事。為了自身的幸福而專注於本質，正是需要細節的理由，「保持距離」和這道理的意思相通，若是想專注於人生的本質，需要具備和世上不必要的一切保持適當距離的勇氣。

我不會冒然說出「光憑保持距離就能改變命運」的那種話，我相信「只要調整適當的距離，就能讓我們心中的溫度稍微提升一到二度」。保持距離就和依照氣候適當地穿脫衣服一樣，熱就脫下一件外套，冷就穿上一件毛衣，透過這樣的方式讓身體變涼爽或變溫暖。為了讓生活品質更上一層樓，讓自己更加游刃有餘，必須把注意力放在與世界保持適當的距離。

有一位女歌手化名 Red Mouse 參加韓國 MBC 電視台的歌唱節目《蒙面歌王》，取得了五連勝，許多人都對她的真實身分深感好奇，而她其實是受到眾多藝人如：柳喜烈、IU 等人推崇的歌手鮮于貞娥，她被稱為「真正的音樂人」。她在媒體訪談中曾提到對於空白、從容、距離的觀察，當時媒體曾提出這麼一個問題：「妳平常休息時是否也會聽音樂呢？」而她回答：「完全不會，我休息時不聽音樂，唯有清空心境才能再次填入新的音樂。」

她不會急於想要填滿，她的哲學是如果想要創新，就必須要退一步讓自己與音樂保持距離。我從她的回答中獲得了保持距離的智慧。

我與對方之間的距離必須能清空，才能放寬心接受他人的意見，唯有清空才不會執著於對方的缺點，也能從容地尋找對方的優點。太過緊密而容不下一粒沙，會讓人感到沉重，無法讓人際關係好轉。

我並不是要大家盲目且冷漠地保持距離，過度緊密的愛與突如其來的拉開距離也都不是正確的選項。而是要一邊保持適當的距離，在取得對方的共識後，游刃有餘地保持距離。只要我們能保持內心的悠然去看世界，就不會抱著輕率的心態去評論他人。

# 4 與自己無關的事物，不評論對錯優劣

我曾經沒來由地突然想試試看自己是否也能創作詩，於是報名參加寫詩教室，當時，認識了一位擔任講師的詩人，他是我非常崇拜的講師。講到詩人，我個人會連想到「脆弱」的形象，這完全是我的偏見和錯覺！由此可知我對詩和詩人有非常深的誤解，我們之間有非常遙遠的距離。他展現了熱情、積極、自信及充滿愛的一面，從講師的言行舉止中不僅能學到詩，我還學到了對人生有助益的道理，這也是出乎意料之外的收穫。

有次課程中，我們談論到一名詩人，由於那名詩人能言善道且才氣洋溢，有好一段時間都深受大家歡迎，但後來我卻後悔談到那個話題。既然連身為門外漢的我都知道那名詩人的名聲與詩集標題，那就表示他確實是深具名聲的詩人。

我本以為學員都會視他為「偉大的詩人」，不過事實並非如此，其中一名學員說：「我實在無法理解為何那種風格的詩可以獲得好評！」接著有人發出不以為然的笑聲。另一名學員則以冷嘲熱諷的口氣說：「那根本就不算是詩吧！」這次是全班的人都哄堂大笑，這也算是一種肯定的反應，同時參雜了默認的成分說：「沒錯！那種東西怎能稱得上是詩呢？」

後來大家把視線轉移到講師身上，他是這個聚會的主導者，同時也是一名詩人，大家都想要聽聽他的想法。他大概也察覺到大家的意圖了吧，不過他邊笑邊模稜兩可地說：「那並不是我心中所想的詩。」頓時大家都覺得一頭霧水且露出疑惑的表情。

某人接著問說：「老師，那到底算不算是好詩呢？」現場氣氛頓時變冷了。講師以從容的表情凝視著提問者說：「旁人真的能隨便評論其優劣嗎？只能說那確實和我想寫的詩有一段距離。」

靜靜在一旁傾聽的我心中感嘆地說：「哦！原來還能這樣說呀！」講師說話的方式很得體，我本來認為以他的地位應該可以毫不忌諱地評論他人的詩，但現在我確定自己的判斷水準非常低劣。講師和我不一樣，他會對他人的寫作保持最基本的距離，並且盡可能遵守禮儀和給予尊重。我認為他那不輕易干涉他人事務的態度深具智慧，親眼見識到以睿智方式保持距離的最佳範例。

文壇是一個狹窄且一有動靜就會傳遍各地的領域，沒有必要積極表現出對他人作品的好惡。試著想像當你的批評言論傳到某人耳中的畫面吧！其實我們並不需要刻意去確認這個世界上的一切是非對錯，如果是不會對自身生活造成任何影響的事物，更是如此。

如果凡事都要一一確認其對錯，只會讓自己的人生疲憊不堪，我們不該和「與自己無關的事物」爭鬥，努力專注於自己人生本質的價值，才是更成熟的生存之道。倘若這段時間都為了向他人證明自己而感到疲憊，現在就該透過保持適當距離，療癒自己並且追求幸福的人生。

# 5 學會曖昧美學，關係更有趣、協調

韓國歌手昭宥和鄭基高合唱了一首名為〈*Some*〉的歌曲，這首歌讓人聽了會上癮，歌詞也相當有趣，這是部分的歌詞：

「最近，屬於我彷彿又不屬於我的你
屬於你彷彿又不屬於你的我
別對我露出那虛偽的純真笑容，已經夠了
你就老實說吧
別把我放在你心中卻又三心二意
明知道就別再裝傻

別浪費彼此的力氣，快點說吧
我是真的愛你」

歌曲中的昭宥和鄭基高都因為「曖昧」而痛苦，但我認為就是因為有「曖昧」的距離，讓人際關係顯得更加有趣和協調，不是嗎？倘若無法正面看待「曖昧」的關係，那就證明你對人際關係的了解尚屬淺薄。「屬於我的」並不代表就要無時無刻待在身邊，這無法讓關係維持健全的狀態。對他人的領域和空間毫無體恤的「零」距離感關係，只會讓人厭煩且喘不過氣。

若是完全不考慮他人的感受，如同〈*Some*〉歌詞所說：「每天早上同樣時段卻沒看見你的訊息」、「每晚都想聽著你的聲音入睡」、「週末時想在人群中緊緊抱著你」像這樣逼迫對方的話，大概會讓對方備感壓力吧？若是對方還沒做好準備，我們卻一味地暗示要求「說清楚我們是什麼關係」、「不要畏畏縮縮，快點說愛我」，無論是多麼完美無缺的關係也遲早都會邁向崩壞之路。

曖昧並非是一種必須消失的緊張感，而是人際關係中必須時時琢磨的距離策略。因此，從現在起不要把「曖昧」解釋為「冷淡」、「心機重」，要不要解釋為「擅於維持距離」呢？不想靠得太近，卻也不想距離太遠，就是一種「曖昧的美學」。

懂得搞「曖昧」才能擺脫自身的偏見，在此引述一名女性的例子。本來擔任空服員的該名女子決定離職，因為她對人資領域相當感興趣，於是便決定去考研究所。當她把這件事告訴男朋友時，男朋友忍不住露出遺憾的表情說：「為什麼要離職呢？空服員不是很好嗎？而且也是很適合女性的職業。」

擅於捍衛自身領域的該名女性笑著回答說：「空服員並非是一個很適合女性的職業，而是一個必須犧牲奉獻的職業。」

該名女性很親切地對表情呆滯的男友繼續說明。

「空服員並不是因為『是女性、只針對女性、對女性來說』是好的職業，你懂嗎？」

就算是心愛的對象，當對方出現錯誤的想法時，適當地予以矯正才是正確的。若是需要矯正，那就該「立刻、馬上」說出來！秉持愛著對方的心情而導正錯誤的觀念，這屬於「善良的指責」，越是愛對方就越該正視此一問題且予以指責。

觀影超過千萬人次的韓國電影《辣手警探》中有這麼一段台詞：「如果不把它當問題就沒問題，但若是把它當問題就會變成問題。」雖然這句話可解釋成多種意思，但我認為重點在於應該「把真正的問題當問題來看」，特別是當我與對方之間的距離、我與世界之間的距離出現了問題，無論使用何種方法都無所謂，將它當成問題來處理才是正確的，因此千萬別猶豫不決。

# 6 遠近親疏，得保有彈性

懂得保持距離固然重要，但也並不是要和世上每一個人保持冷淡的距離。輕易放棄對人的信賴是錯誤的行為，我們周圍多的是能縮小距離且締結親密關係的好人，只是我們太遲鈍沒能察覺罷了。過度專注於保持距離，最後會演變成未能拉近和真好人之間的關係。我也曾是那樣的人，就算是明明能縮短的距離，我卻冷眼看待。當他人主動接近我時，我都會先採取懷疑的態度。

有一陣子，我很常去某間位於南營站附近的咖啡廳，就在龍山警察局前。每天上班前，我會專程來買一杯濃縮咖啡做為一天的開始，這是一種我專屬的儀式。將咖啡放置在窗邊，感受溫暖陽光映照進來，就這樣坐著觀看通勤的上班族以及前往學校的大學生，內心就會慢慢沉澱，趨向平靜。被吸收進體內的咖啡因是消除清晨疲憊的活力來源，雖然我在高聳的辦公大樓裡上班，但並不代表我也很了不起。清晨的一杯咖啡，是為了日常生活中平凡的我所準備的小小慰藉。

有一天下午，我的腦袋突然打結了，原本只有上班時間才會去那間咖啡廳，但為了轉換心情，我認為自己需要攝取咖啡因，於是便前往那間咖啡廳點了一杯濃縮咖啡。過了一會兒，我的咖啡送來了，不過旁邊卻擺了三個小巧的咖啡豆麵包。當下腦中浮現：「我又沒有點麵包，該不會要我付錢吧？」這樣的想法，我問老闆：「喔？我沒有點麵包呀？」老闆一派輕鬆且面帶笑容地回答：「如果只喝濃縮咖啡，腸胃應該會不舒服，麵包讓你搭配著咖啡一起吃吧！」

我一邊感受著在口中融化的咖啡豆麵包，另一方面也發現自己其實是一個心思不夠細膩的人，連好人的一個小小親切舉動也無法輕易接受，我對這樣心胸狹隘的自己感到相當羞愧。為何接受他人的好意會讓我如此不自在呢？為何我的想法會如此狹隘呢？在短暫的羞愧感結束後，我頓時覺得自己和這家咖啡廳之間的距離變近了。並不是「顧客與老闆」之間的關係，而是「你和我」的溫馨感覺。也許我的想法有些自作多情，但這是我心中真正的感受。

和好人之間的距離越近越好，虛心接受他人的好意則是一種能力。若是想完整接納來自他人的愛、尊敬、體貼，使之成為自己的一部分，總是與別人拉開「冷淡距離」的話，就不可能實現。敞開溫暖的胸懷後，需要付諸努力傾聽他人的言語和行動。若是一味的保持「距離」，導致無法察覺到身邊有不錯的人，真的會讓人感到很遺憾。

不要像隻憤怒的刺蝟一樣亟於向全世界展現身上的刺，應該要努力尋找周圍好人的溫暖言語和行動才對。

話雖如此，也不是要各位連同不好的事物也一起美化，我出社會後聽到最糟糕的一句話就是「對大家好就是好」，這句話同時包含了「不要針對某件事做文章」的意思，我想大概沒有比這更殘忍的一句話了。我認為這句話充滿虛偽，刻意省略了「確實不好，但這個情況下你就稍微忍耐一下吧」的意思。現在只要有人對我說這句話，我都一定會反問對方說：「這樣不好吧？」

其實，根本就不需要刻意回問對方，應該要直接告訴對方說：「那是不對的！」

因為我明白習慣性忽視劣質的事物，久而久之自己也會變成劣質的人，因此我不會再因循苟且了。我知道好的事物要一起分享，但同時也需要擁有拒絕劣質事物的勇氣，而判定好壞的人是我自己。

有些人無禮、不懂得察言觀色，而且也無法用言語溝通，若是沒有必要特別和這類人牽扯上關係，視而不見會是最好的方法，不須刻意把時間花費在那類人身上。通常一開始都是「算了，這次我就忍耐一點吧」，默默地讓自己的心情保持平靜，但某一天卻突然後悔「唉，早知道就不該忍耐」，就這樣壓力在潛意識中層層堆疊。

「將劣質事物視為美好事物的人生」實在太不幸了，那樣並不能帶來和平，只能算是暫時的平靜罷了。

堆積在潛意識中的那些記憶會讓人逐漸變憂鬱，最後往往會惡化變成心病。從現在起，勇敢說出口吧！若是聽見有人說：「你今天心情不好喔？對大家好就是好不是嗎？」就該回答對方說：「那樣一點都不好！」忍受錯誤的事物，就和接受對方的無禮沒有兩樣。「對大家好並不代表就對我好！重要的是對我好！」唯有這樣的心態才能守護自己的身心。

沒有任何一件事比珍視與照顧自己更重要，不需要為了獲得某人的認同而委屈自己，更不該因此而美化劣質的事物折磨自己。應該以安撫、鼓勵和保護自己為優先。忠實於「體恤自我」的人也會懂得勇敢保持距離，不會因為畏懼對方而甘願選擇當個弱者。

如果一開始就保持距離，應該會碰撞到無數的阻礙，有些人的職階、地位、財力、權力雖然比我更出眾，但人格方面可不一定，讓人想敬而遠之。現在，我終於明白，那類人並不屬於我人生中的常數，只是變數而已。我不會判定他們必須無時無刻待在我身旁、也不會覺得他們一定對我是有幫助的人。我很清楚和他們保持適當距離反而才是正確的生存之道。

曾幾何時，我的人生觀中已經形成了「我就是自己的主人」的自我體恤意識，但願你也是如此。

希望各位不要盲目地靠近那些冒然侵犯你的生活的人，因為我很清楚光憑善良與人來往時，雙方會發生衝突也是不可避免的，希望大家也能鼓起勇氣大聲說出口。

「別聽信他人的評論，好壞與否應該由我自己來判斷。」

# 第2章

# 這些事，更須保持人際距離

# 7 對侵犯你時間的人設下界線

有一句話是「Money talks」，意思是金錢在資本主義中是萬能的，雖然令人心寒，但卻是不可否認的事實。事實上，不只是錢而已，時間也同樣如此，希望大家也能記得「Time talks」。財富多寡取決於能夠把多少他人的時間變成我們的，臉書、Naver（韓國最大入口網站）、KakaoTalk（韓國最多人使用的通訊軟體）等平台業者，將使用者停留在平台的時間設定為事業成功的基準，為什麼呢？因為停留時間越久，推廣成效也越高。從中可以看見想要縮短距離的他們與想要保持適當距離的我們之間的激烈心理戰。

我討厭不懂得妥善運用時間的人，舉例來說，不斷要求他人參加義工活動的人、沒有任何根據就要求他人免費提供服務的人……，那些人明明自己也是領取酬勞在工作，卻認為占用他人的時間不需要支付任何酬勞也無所謂，這類人最讓我無法忍受。

這是很久前發生的事情，有一位從事公益事業的「社會企業」職員打電話給我，他邀請我與大學生分享一些好的建議，並且請我以職場前輩的身分和大家談談。活動辦在平日晚上，演講時間大概是兩小時左右。到此為止都還沒問題，對方接著說：「我們不會支付任何演講費用，我們希望您能捐獻自己的才藝！」聽到這番話後讓我頓時覺得錯愕，更扯的是甚至連交通費都得要由我自己掏腰包。「社會企業」、「為了大學生所策劃的活動」、「捐獻才藝」全都是不錯的單字，但當時我卻不禁認為那些美好的單字遭受汙染了。

他只是不斷地重複「就當作是做善事吧」，就像是在進行某個偉大的交易一般，甚至還對猶豫不決的我提出忠告。

他還說：「您的照片和名字都會放在我們的官網……」我在沒有獲得任何酬勞的情況下參加他們的活動，取而代之的「收穫」是——我會因此變成知名人物。

當時，我覺得相當不悅，但另一方面，透過那次的經驗也讓我明白，我們的時間在有些人眼中根本就一文不值。不對，正確來說是我終於明白，從很久以前開始，有許多人都任意地使用我的時間，而這也算是一種意外的收穫。生平第一次感覺到交談的對象和我之間的距離有多遠，看來是有相當程度的距離。

他主張「我們都是做善事的人，為了有困難的人而付出心力！」把大學生都視為有困難的人，這番言論也很可笑！甚至「要求他人免費付出自己的時間」且擅自縮短彼此之間的距離。

當時，我們的對話內容如下：

我：「我想請教一件事。」
對方：「是，請說。」
我：「您說您目前是在〇〇社會企業服務吧？」
對方：「對，沒錯。」
我：「那麼，請問您在那邊工作也沒有領任何酬勞嗎？」

對方：「……」

後來，又說了幾句話後就掛電話了。或許他會認為我是「做善事還要求報酬的卑劣者」吧，但我並不想要和對方締結關係，我內心鄭重地、強烈地拒絕這種盲目縮短彼此距離的方式。或許大家會認為我是個冷漠的人，但我堅持自己的立場。

不懂得維持與他人之距離的言行，以及跨越他人設下的界線且冒然接近的言行，都屬於一種「暴力」，就算是出自善意也一樣。

我也很清楚義工活動、捐獻才藝全都是社會上不可或缺的珍貴價值，但這並無法掩飾無禮的行為，唯有遵守禮儀才能將這份價值確實地傳達給對方。倘若要求從事義工活動以及捐贈才藝的人付出時間卻無法給予任何代價，至少也該遵守最基本的禮儀。若是把「我可以幫你提升知名度」當作捐獻才藝的代價，或是以諷刺的口氣反問：「做善事還要求酬勞嗎？」我認為這實在是一項錯誤的認知，而且也代表對方完全不懂得人與人之間需要保持基本的距離。

或許也有人會擔心被討厭、害怕從此失去機會、因為對方可能會離自己遠去而感到不安、想要被當作好人等因素，認為接受對方不合理的提議會比較好，而勉為其難答應的人應該也不少，但我並不是那種人。為了保護我自己、為了讓世界能往更具廉恥的方向進步發展，該說的話我一定會說。雖然看起來心胸狹窄，但我認為這是為了保護我自己，以及對擅自踐踏界線且縮短距離的人設下最基本的防禦措施。

時間在資本主義社會中是珍貴的資產，我們不該小看它的價值。

若是對方想以「道歉」來抵銷我的時間酬勞，或是不情願地「要不然付你錢啊」的方式作為我付出時間的代價，那我倒不如乾脆一點「視而不見」，才是自我保護的正確方法。

不要成為某人的「籌碼」，雖然這樣的表達方式似乎有些誇張，但沒有理由因為某個不重要的人的提議，導致我們毀損自身本質的價值。就算看似有些冷漠，但把那類「沒品的提議」扔進內心的「垃圾桶」才是正確的選擇。損害人生的垃圾若是擱置不理就會散發惡臭，因此應該適時予以扔棄。

在職場中亦是如此，你唯一要做的事情就是把自己的工作處理好，僅僅如此而已。每個月領到的薪水，則是公司支付給員工付出能力那段時間的代價。

為此，員工必須遵守上下班時間以及績效等職場的規律，且該拿出公司期待的成果。但跳脫工作範圍之外的事物呢？就算是職場的上司也不該擅自侵犯部下的私領域。

如果上司在下班前突然對你說：「我家今天沒人煮晚餐呢……一起吃完晚餐再回去吧？」我認為這句話相當無知，而且已經侵犯了部下的時間與空間。

若是部下鄭重拒絕說：「不，我今天想直接回家。」但上司依舊回答說：「為什麼？難道你不吃晚餐嗎？」之類的話，那就表示上司一心只考慮到自己的立場，對許多必須承受精神壓力的上班族來說實在非常悲哀。類似的案例在職場生活中的各個場合都能看見。

## 令人困擾的職場對話案例 1

休完假後，向上司報告自己回到工作崗位，上司回說：「既然休息夠了，現在該努力工作了吧？」

↓明明只是和其他人一樣放假，那是什麼意思呢？難道只有我一個人放假嗎？

**令人困擾的職場對話案例2**

比平時提早下班時（其實是準時下班），上司回說：「看來你最近比較閒喔？」

↓明明是依照出勤標準按時下班，說那種話是什麼意思？

現在，我不會再因為這一類的言語而受傷，倘若你會說出這種話傷害他人，往後請絕對別再犯下相同的錯誤。我們應該時時檢視自己是否有過度占用他人的時間。每次想要縮短和對方的距離時，應該要試著捫心自問是否能對他人的時間負責，我們每個人都需要進行這樣的訓練。這是締結和樂人際關係的一項明智技巧。

# 8 尊重他人宗教信仰，不表態

電影明星的得獎感想一直都讓我覺得很有趣，韓國資深演員羅文熙女士以電影《花漾奶奶秀英文》在二〇一八年第三十八屆青龍電影獎中獲得最佳女主角獎。當時她的獲獎感言是：「我要向高齡九十六歲的母親心中的上帝致謝，並且也向我的佛祖表達感恩之意！」或許有些人只是認為這句話很風趣，但她表現出的完美距離感卻讓我相當佩服。

得獎感言當中經常出現與宗教相關的內容，羅文熙的感言展現了她的成熟與睿智，她談到「自己的佛祖」，也沒有忘記談到「母親的上帝」，展現了結合基督教和佛教的絕佳說話術，這樣的智慧是從何而來的呢？倘若真有傳授這種說話術的地方，就算要支付鉅額的費用，我也會想要學。

雖然這可能是敏感的問題，但我想要談一下自己曾有過一個與宗教相關的經歷。幾年前，就在我準備為演講做結尾時，突然有一名聽眾拿起麥克風提問：「您說最近在學冥想，我也很有興趣，因為內心一直覺得很不安……您學冥想後覺得怎麼樣呢？」我回答：「因為發現自己最近連小事情都容易生氣，於是我想改變這樣的自己，後來我參加公司的冥想課程，冥想讓我的內心趨向平靜，這就是我正式學習冥想的契機……」

就在此時，突然有人大聲插嘴說：「內心覺得不安就該信仰宗教呀，學什麼冥想！」

我頓時覺得很錯愕，遇見這種情況你會選擇怎麼做呢？試著從下列選項中選出自己會做出的反應。

①（不發一語，怒視對方）

②回應對方：「為什麼您要打斷我的回答呢？如果要這麼失禮地隨便發言，就

請您離席。」

③回應對方：「您似乎不太了解，冥想是西洋心理學都認同的一種方式。」

④回應對方：「謝謝您的建議，我只是在談自己的經驗而已。」

我選擇④「我只是在談自己的經驗而已」，我們素不相識，考慮到我和對方只是聽眾與演講者的關係，這似乎是較為妥當的回答方式。這個事件就這樣結束了，倘若羅文熙女士站在我的立場，她會如何回答對方呢？

有些人會選擇無視對方的存在、忽略對方隸屬的團體，也對該團體的文化視而不見，從他們的行為可以看出他們喪失了對於距離的基本感覺。社會是我與他人共存的空間，這個空間由許多不同群體所組成，其中充滿了每個人不同的生活樣貌，其他團體就像是他人代我活出另一種樣貌的人生。

倘若身邊有經歷與我們完全不一樣的人物，應該要懷著感恩之心，欣然接納對方的經驗才對，但一般人對於「我從未經歷過的事情」都會拒絕和排斥，更別說是感謝了，而關係的距離也就這樣被打破了。倘若無法接受的話，那就沉默以對就行了，盲目地說出自身立場，只會讓自己看起來是井底之蛙。

# 9 不清楚對方狀況，不表示意見

我曾讀過一篇採訪成功人士的文章，主角在首爾市江南區偏僻角落以經營一家小小的男性服飾店起家，後來成為中等規模服飾公司的老闆，因為那是看來平常的成功故事，我便漫不經心地瀏覽內容，但突然間發現了一個讓我領悟的重要關鍵。

文章裡談到他的店面深受歡迎，特別是有許多藝人經常光顧，但他卻說自己很累，因為他不擅長以和睦可親的方式與藝人打交道，如果是常客的話，本應該隨和地打招呼和開玩笑，讓彼此的關係更親近一點才對，但他的個性卻無法辦到這一點，因此他一直都很煩惱自己不夠和善。

某一天，有位來到店裡的當紅男演員對他說：「您知道藝人為何喜歡來這裡嗎？」老闆不知所以，該名演員接著說：「因為老闆不太聽我們說話，而且很快就忘記不是嗎？所以就不需要擔心我們說過的話會傳到外面。」

「容易忘記別人說的話竟然也是一種競爭力！」這番話大概讓老闆相當煎熬吧？客人是因為老闆不擅言詞所以才來光顧？真是讓人難以接受的一句話。

某位心理諮詢師曾經告訴我一個故事，當事者是一名未滿四十歲的女性，工作壓力非常沉重，有一天，她把整個房間都裝飾了滿滿的「凱蒂貓」（Hello Kitty），她的母親看見時便問說：「這到底是怎麼一回事？看起來好不舒服，幹麼要裝飾成這樣？」

於是她便回答：「因為凱蒂貓沒有嘴巴。」

話語是一大問題，會讓人與人之間的距離變成一團亂，別說是維持良好的距離，只會讓雙方的關係出現更深的鴻溝。

阻斷彼此關係的言語會讓我們悲傷難過，完全不體貼的言語則會造成嚴重的問題，並且會破壞原本健全的關係。以下是幾個例子。

## 錯誤的輕率發言案例1

「妳們是母女吧？」

首先，我要坦誠自己曾犯下一個非常糟糕的錯誤，當時我要以親子之間的對話方法為主題進行演講，當時氣氛很好，聽眾反應也不錯，一個半小時的演講轉眼間就結束了。在結束之際，我想鄭重地向坐在前排給予肯定的兩名女性表達感謝之意，於是我便說：「因為兩位的反應太棒了，所以我想要送上我的新書做為禮物給兩位。」此時，兩名女性不約而同地看了對方且笑得很開心。

因為太開心了，於是我接著說：「兩位是母女吧？要給哪一位呢？」語畢，氣氛頓時變僵，糟糕，原來那兩位女性是朋友。怎麼會這樣呢？我真是太愚蠢了，後續大概也不需要多說了。我當場一再道歉：「真的很對不起，由衷地表示歉意，我大概是一時昏了頭吧！」雖然已經道歉好幾次了，但至今還是覺得愧疚。

## 錯誤的輕率發言案例2

「你們兩個該不會溜去其他地方吧？」

如果不清楚玩笑的界線，就該閉上嘴。有一名四十歲的女性上班族出外勤，當時她搭乘已婚男性前輩的車，回公司後向組長報告時，組長突然說：「你們真的只有去出外勤而已吧？」為什麼會提出這種不像樣的疑問呢？無論再怎麼親近的關係，像這種侵犯他人領域、觸及私生活的言論，在說完後內心會覺得舒服嗎？只是暴露出自己是沒有修養的人，還誤以為那是「幽默」，這種毫無責任感的行為根本就是在秀自己的下限。

## 錯誤的輕率發言案例3

「你爸爸的工作是什麼呢？」

回想起非常久遠以前的國小時期，老師總是喜歡問說：「家中有冰箱的人舉手！」「誰家有鋼琴呢？」「誰的爸爸是公務員呢？」在現代會被以「虐待兒童」為由提告的偏差言論，在教室中肆無忌憚地亂竄。聽見老師說出這一類的話，孩子們脆弱的心會受到多麼沉重的傷害呢？光是想像就讓人覺得可怕。老師和孩子們在這種氛圍下真的能發自內心營造出溫暖的關係嗎？

前述事例的特徵很明確，明明搞不清楚狀況，但卻隨便亂開口，結果搞砸了彼此關係的距離。不清楚對方的情況，只憑一己的偏見或想法隨隨便便就開口，結果就這樣造成對方的內心受創。這類人不懂得謙虛，倘若是懂得謙虛的人，就不會對他人口無遮攔與任意妄為。

謙虛的人不會一味地說自己的意見，會優先接納對方的煩惱或擔憂。在給予解決問題所需要的答案之前，會先努力安撫對方受創的內心。話雖如此也不會過度的換位思考，會時時確認自己該做到什麼程度，以及對方所該保持的位置，適當維持雙方關係的距離。

不過，要尋找能「正常」說話的人太困難了，真的讓人覺得很鬱悶。無論是社會生活或人際關係都必須具備能應對進退的智慧，我們應當注意自己是否有妥善使用言語和行動調整自己與世界的距離，若是對此過於懈怠，就會對某人的內心造成傷害，當然也可能會為自己帶來困擾。

有一名女大生於夜晚將近十點時從學校返家的路上遇見了「遛鳥俠」，由於該名女大生個性比較強勢，因此便大聲尖叫以對抗那個變態，那個傢伙驚嚇之餘便逃跑了。因為那附近有派出所，於是她便報案說自己遇見變態，並且詢問警察自己該怎麼樣才能安全回家呢？話一說完，警察對尋求協助的女大生說：「妳不知道這裡是危險地區嗎？而且都已經這麼晚了，以後晚上不要穿這麼短的裙子外出。」

對被害女大生來說，「變態遛鳥俠」和「臭警察」到底誰比較惡劣呢？聽見本以為會保護自己的警察說出那番話後，對女大生來說警察和那個遛鳥俠其實也沒兩樣，不對，應該說是更惡劣才對。如果是「好警察」，在聽完女大生的話之前，應該會先這樣說：

「妳應該嚇到了吧？有沒有受傷？要不要聯絡妳的家人呢？請先坐一下吧。」

應該要先安撫當事人的情緒讓其放輕鬆，調查固然很重要，但必須先設定好彼此之間的適當距離後再進行。在提出解決方案之前，應當先考慮和擔憂對方受創的心，這樣才能縮短彼此生疏的距離。

就算仔細聆聽對方說的話，冒然提供解決方法依舊太急躁，一開始就該先反省才是正確的。例如在回答「我們會努力讓治安變得更安全」後，只要建議「目前尚有許多警力無法顧及的地方，若是晚歸回家的話，請尋求警察陪同回家降低危險」就行了。若是不管使用哪一種方法都覺得尷尬，只要靜靜閉上嘴巴且點頭回應即可，就像凱蒂貓一樣。

# 10 關係越熟悉，更要有界線

以下是我在某聚會認識的一位年約三十五歲女性的故事。她打算要離職，在離職前向公司請了兩週的假，她想要犒賞一下這幾年辛苦工作的自己，於是便跟媽媽說自己要去濟州島旅行三天兩夜。媽媽問說和誰一起去旅行，她回答自己一個人，媽媽驚訝地回說：「哪有女生獨自一個人去旅行的呀？」

而且還責罵說她獨自一個人去旅行，根本就是不知道世界的險惡。但她心中卻很想反問媽媽說：「拜託，媽！讓世界變危險的是妳的想法吧！」她頓時感到一股距離感，雖然媽媽平常都很支持自己，讓她覺得相當感激，但自己都已超過三十歲了，媽媽竟然對她要獨自去旅行這件事感到不安，不禁讓她內心產生一股自己是不是還不夠好的自責感。

而這股自責感，在不自覺中演變成和媽媽之間的距離感，應該說是和世界之間的距離感。

雖然只是一個簡短的故事，但卻值得讓人省思。我能理解父母親在小孩往外闖蕩時的不安，無論是三十歲或四十歲都一樣，但這儼然是一種讓孩子無法縮短與世界的距離並且永遠安逸於狹隘框架中的情緒勒索。只要體驗過這一類的勒索，父母與子女之間就會無法繼續交談，距離會更遠，不知不覺甚至會形成一道牆。

與佛洛伊德齊名的心理學大師、也是精神醫學領域的開拓者卡爾．古斯塔夫．榮格（Carl Gustav Jung），強調「自白」（confession）的重要性，在心理治療的第一步——自白的階段，對象（被諮詢者）必須向諮詢者坦承和分享自己壓抑的情感或是隱藏的祕密等，唯有這樣才能順利進行下一個階段——解析、教育以及變換。換句話說，若是沒有自白，就難以進行下一階段的心理治療。

父母親若是干涉成年子女去旅行，子女大概就不會有意願再向父母親「自白」了吧。若是有人對於自己鼓起勇氣公開的領域進行妨礙與阻撓，完全不給予尊重，我想絕對不會有人想要和那樣的對象交談吧。如果你是為人父母，那就該牢記在心。

想要和孩子縮短距離的心態固然是好事，話雖如此，單方面侵犯子女的領域會讓人相當傷腦筋。不過，在適當的時間與空間當中，做出隔開與子女間距離的言行，反而可能是讓雙方變得更親近的捷徑。因此倘若現在女兒猶豫不決地說要自己去旅行，那就這樣回答吧：

「妳會好好照顧自己、平安回來吧？」

就算子女的年齡比較年幼也應該如此，我的大兒子國小即將畢業了，有一次他說要和籃球社的隊友一起去滑雪場，當時我便問說：「是當天回來吧？」兒子回答：「不是，要在外面過夜！」原來是滑雪場有提供免費的來回接駁車，住宿則是由其他兩位小朋友的媽媽負責預約，總共訂了三個房間，兩間是小朋友的房間，一間則是兩位媽媽的房間。儘管如此我依然感到很不安，於是我便回答說：「兩個媽媽能管得住十個小男生嗎？不行，太危險了！」結果兒子發出「嘖」的一聲便轉頭，接著又說：「我又不是小孩子……爸爸你根本就是多管閒事。」

沒想到我竟然也會被當作老古板看待，被兒子當作老古板看待雖然讓我有些不悅，但我承認兒子說得沒錯。只要遵守該守的原則，和朋友之間的旅行是孩子的私生活，憲法當中保障了所有國民的身心自由，因此這是孩子們也能享有的權利。

當孩子就讀國小低年級時，有許多事都需要父母的協助，但現在他已經是要上國中了，雖然美其名說是「正當的擔憂」，但事實上那只是「老古板父母不必要的干涉」罷了。或許那番話言之有理，但站在孩子的角度來看時，可能會認為那是侵犯自身領域的暴力行為。在父母眼中他們是年幼的孩子，但他們也是具備自身領域的獨立個體，如果你是採取「全方位干涉」的父母，那現在請成為具備「謙虛觀點」的父母，並且多費點心思和子女保持適當的距離。

我曾在報紙上讀到一篇藉由販售中低價位西裝而致富的企業家故事，當中有個部分相當有趣，該企業家說自己考首爾大學落榜時，身為大學教授的父親就對他不聞不問，就像是對他完全沒有任何期待。而這樣的父親也成為了他逆轉的一大契機，透過落榜這個事件，他領悟了「不受期待的人生才能擁有自由」的道理。也成為他大學畢業後沒有選擇被困在某個組織成為普通上班族，而是早期就開始創業的契機。

現在，他成為一名成功的企業家，過著享受自由和追求喜愛事物的生活。「當父親對自己失去期待後便獲得了自由」，我認為這是天底下所有父母都該省思的一句話。

孩子也有自己想要守護的領域，若是過度干涉，孩子會表現出想要更加遠離父母的態度。雖然當下只會發牢騷說父母「管太多」，但過一段時間說不定會連發牢騷都嫌麻煩，乾脆都不回答。因此，將子女對父母表現的「不舒服」視為是「給父母的最後機會」，而不是「小孩在發牢騷」，並且應該將其視為是一個尊重孩子想法的機會。

反省自己的過去，當孩子插嘴時，我曾多次斥責說：「大人說話時，小孩不該插嘴！」過沒一會兒卻又想要和他們一起玩，且不斷地使喚他們，就算身分是爸爸，但小朋友在玩耍時也不能擅自就決定加入，這並非有禮貌的行為。由於我的個性直率，至今依舊會忍不住發脾氣，但現在我會努力深呼吸幾秒鐘，試著去理解孩子的心情，同時也該承認他們的發牢騷是企圖維持最基本距離的「自我防禦」。

就算是經常見面且一起吃飯的朋友，也需要維持適當的距離，住在同一個屋簷下的家人亦是如此，親子、夫妻也都一樣。假設你是總要追根究柢了解對方一切才會善罷甘休的類型，在打造幸福家庭之前，應該要思考自己是否對家人造成過度的壓力。越是熟悉的關係，反而越該懂得尊重彼此之間的距離。

展現毫無拘束的態度並不代表就是老實，各自掩飾一點缺點會是正確的相處之道，若是不想把家庭關係弄得一團糟，就應該要承認彼此之間的距離、尊重各自的界線與給予對方適當的呼吸空間。千萬不要一廂情願地栽進去，然後無奈地抱怨說「這就是家人！這就是幸福！」

# 11 私領域被侵犯，別將就

韓國電影《格鬥的技術》當中有兩名主角，分別是平常就經常挨揍的怪咖高中生宋秉泰及傳說中的打架王吳判洙。秉泰對判洙說自己不想再挨揍了，並且拜託他傳授格鬥的技巧。當時判洙交給秉泰一把刀說：「你敢越過線嗎？若是你真的想要學格鬥技巧，試著用那把刀刺向我吧！」判洙那句「越線」引起了我的注意，跨越某人的界線就等於是帶著「某個東西」進入對方的領域。那個「東西」有可能是砍他的刀，也有可能是賦予他希望的禮物，現在我們跨越他人的界線時，手上是拿著什麼東西呢？是刀？還是禮物？

有一名二十多歲的女性向我訴苦，她已經和比自己大五歲的男友交往六年，最近兩人之間發生了問題。男友說：「我希望我們共享對方的手機密碼！」她回答：「不，私生活方面我想各自保留一點空間。」聽到這句話後，男友瞬間變臉，並且說：「我們不是考慮要結婚的關係嗎？妳怎能說各自的空間呢？不會吧？難道妳有事情瞞著我嗎？」「提議」馬上轉換成「強迫」的氣氛，女生當下感到很錯愕，而這件事也讓雙方目前暫時處於停止見面的狀態，情況讓人相當鬱悶。

我以個人的想法為前提提供建議：「如果我是妳，應該不會和那種強迫人說出手機密碼的男生繼續交往！」

正因為是情人，才更應該徹底保障各自的私人領域，遵守這種關係是非常基本的，如果因為是情人而認為「我的就是我的，你的也是我的」，未免也將關係的距離想得太簡單了。因為是情人，就認為彼此不該有私生活，這種想法就和摧毀關係距離的暴力沒有兩樣。

私生活在毫無防備的狀態下遭受侵犯，會讓人變憂鬱。越是相愛的關係，就越需要守護雙方的「距離感」；越是親近，就越需要確認和認同雙方的領域。這並不困難，不過若是輕視它，就會破壞關係的和平。

當然，如果有必要時就該越線，像是當自己的領域、能讓自己從容不迫的空間距離遭受忽視的時候。舉例來說，我偶爾會去首爾以外的地區演講，像是釜山、光州等，偶爾會開車去，但多半都是搭乘快速和方便的高鐵ＳＲＴ或ＫＴＸ（兩者都是高速列車，速度差不多，但ＳＲＴ停靠站數較少）。如果是大田的距離我都會買一般的票，但如果是要搭乘兩個小時以上的地區，雖然有點貴但我會購買商務艙的票，因為我想犒賞辛苦的自己。購買商務艙能夠享受幾項優質的服務，像是較大的椅子、充裕的前後座位間隔、免費的點心（瓶裝水與簡單的餅乾等），但更重要的是，它比一般車廂更安靜，氣氛也較舒適。

不過，心中偶爾也會有「我是為了這樣才付更多錢買商務艙的嗎」的感受，特別當座位附近的人大聲講電話時更是如此，如果只是小聲講一、兩句話我倒無所謂，但如果有人從火車穿越漢江大橋之前開始，直到抵達天安牙山站為止（車程約一小時）都不停地在講電話談論「目前的位置、所以怎麼樣、待會要吃什麼、不知道待會要改搭公車還是計程車」等內容，對我來說那一天就是「運氣差的日子」。價錢高於一般車廂將近一半以上的商務艙，瞬間變成比一般車廂更糟糕的座位。

以前，我都會對這一類的人束手無策，我唯一能做的就是把耳機塞更深後把音量轉大聲，儘管如此依舊會因為後座乘客的大嗓門而覺得有壓力，我對於這類完全沒意識到與他人之間距離的生物的不知羞恥感到相當憤怒，而這股憤怒也會讓我自己疲憊，但我卻只能眼睜睜看著它發生。更進一步我會認為「為何我會這麼倒楣呢？」甚至是批判清醒的自己。

現在，我不會再默默承受這一切，話雖如此，我並不會怒視講電話的人說：「在車廂內大聲講電話是違反規定的行為！」而和對方槓上。我會等車廂服務員經過時尋求協助說：「車廂內講電話的乘客讓我覺得很不舒服。」聽見這番話的服務員一副早已習慣般地回答說：「是，您應該很不舒服吧，我們會廣播提醒乘客。」或許後座的人早就已經聽見我們的談話，我記得後來就沒有聽見手機造成的噪音聲。

如果有人不認同我的解決方式，認為直接去向噪音製造者說清楚就好了啊？但事實上並不是這樣就能解決問題。或者認為何必要向服務員告狀呢？現在我可以笑著回答說：

「我認為適當地與他人保持距離，不要跨越彼此的線是不錯的解決方法。」

我有舒適移動至目的地的基本權利，沒有義務因為有妨礙者而必須親自與他鬥爭來爭取自身的權利。因為多半會發生無謂的爭執或誤會，請應當維持車廂舒適與安靜的服務員處理是正確的選擇。這是和「無禮之人」維持健全距離的最佳方法，若是連這種方法也排斥的話，那也是沒辦法的事情，只能忍耐不便之處直到抵達目的地為止。

後來，每當有人蓄意或無意間因為自己的無知而侵犯我的領域，我都會堂堂正正對抗。並不是盲目地對抗，而是使用適當的方法對抗，為了不讓他人不合理的噪音麻痺我的專注力，而我只能默默承受的情況發生。沒有理由對他人侵犯我舒適權利的無知行為睜一隻眼閉一隻眼，更沒有理由去承受這樣的苦痛，我有守護自身領域的權利。

# 12 勇敢回應不懂尊重你的人

我在讀書會中認識了一位朋友，她進入目前這家公司工作已經是第二年，她曾對我訴苦自己的經歷。

當天是白色情人節，已經約好下班要和男朋友見面，她從上班開始就滿心期待男朋友會準備裝滿糖果的禮物。當她抵達辦公室後發現，桌上擺滿了同事們給的糖果，於是她把糖果如同紀念獎盃一般聚集在一處後便開始工作。當時她才發現原來同事這麼貼心，並且覺得很感謝！午餐時間結束後，她回到辦公室發現桌上又擺了一堆糖果，不禁再次認為同事真的很善良！但這和平很快就被摧毀了，因為剛用完餐悠哉走回辦公室的課長看見整桌的糖果後開了一個玩笑：

「哇，整桌的糖果耶！那妳為什麼交不到男朋友啊？」

她的心情頓時變差，心想：「他憑什麼隨便亂猜測我有沒有男朋友，明明對我的事情一無所知！」課長對於他人的私生活擅自發表的言論令人作嘔，雖然當時她回答：「很難說喔！」且勉強擠出笑容，但心裡卻很不是滋味。

這種情況對上班族來說應該不會太陌生，只因為對方是上司，就得默默承受那些失禮的言論嗎？不管多麼不堪入耳和侮辱人的言語都得盲目地忍耐嗎？這樣實在太冤枉了。

當時，我這樣建議那位女性：「只能徹底保持距離，保持冷靜與沉穩的態度，而且不要談論自己的私事！如果有人問妳為什麼還沒有男朋友，妳不要露出任何表情，然後冷淡地回答『對呀』就好了！」

聽完我說的話後，那個朋友說：「哪有這麼簡單呀？我還沒說完。」，然後她便繼續說下去。

當她在整理糖果時，課長突然說：「敏熙，妳最喜歡哪一個呢？」

因為實在無話可說，於是便回答：「是，我很感謝大家送我的糖果。」

課長則再次說：「我是問妳最喜歡哪一個糖果耶？」光是聽見那番話就讓人覺得很煩燥，她沒有回答任何一句話，但課長接著又說：「妳最喜歡的糖果就是我買的，知道嗎？」聽到這句話讓她頓時毛骨悚然。在職場生活中如果能和他人保持舒適的關係是最好的，但像這樣盲目地縮短與自己之間距離的人實在太過分了，不是嗎？

為什麼要說出這種搞砸彼此距離的言語呢？這是幽默嗎？身兼演員與電影導演的伍迪．艾倫（Woody Allen）曾說：「神保持沉默，因此希望人能閉上嘴巴。」他說的「希望閉上嘴巴的人」大概就是像那個上司一樣的人吧？努力締結良好的關係是正確的，但我認為該保持的距離還是要有。前提是我認同對方，對方也完全認同我，唯有這樣才能形成正常的關係。

只能默默承受某人荒謬言語的人生實在太可憐了，倘若他人的言語和行動踩到了你的界線，絕對別忘記確認自己能夠容忍的範圍。若是因為忍受痛苦導致變成心中的創傷，而此一創傷開始對自己造成影響，那就試著和對方保持距離吧！這是為了保護自己與他人而必須執行的舉動。會將自己的欲望和他人的欲望混淆在一起的人，也就是會把自己的想法套在其他人身上的人，倘若你身旁有這一類型的人，請適當地和對方說清楚，不然就是選擇分開，這是不得不做的自保措施。

有許多外表看起來正常的人，對人際領域、界線、距離一無所知，這是因為他們不懂得保持「人際距離」。沒有經過同意就拿走兒子手機確認訊息的媽媽、為了表達親切感而把手搭在女下屬肩膀上的男部長、無視女朋友不想在家附近碰面而盲目前來的男朋友、擅自上傳合照到臉書還標記你且標題寫「我和他熬夜喝酒」的同事⋯⋯，這類人不懂得人際關係中所需要的距離感，是一群沒有距離概念的人。

我希望未來有一天，無論是在學校或職場都能將「人際距離」視為日常生活的一部分，東方文化的通則是只要出人頭地、力量強大、職位高就能忽視與他人之間的距離，我對於這樣的社會風氣本身感到相當惋惜。

看見那些因為不懂得調整距離的人而造成身心受創，進而脫離社會而徬徨的人都會讓人覺得心痛。唯一值得慶幸的是，這一類喪失距離感「口無遮攔」和「任意妄為」的人一個個都會被公諸於世，所以小心翼翼的人正逐漸增加當中。鼓起勇氣對付「口無遮攔」和「任意妄為」的人也變多了，這是值得鼓勵的現象。

以前，經常可以看見有人會說「幹麼計較這種事？」「開玩笑的啦！幹麼因為這種事生氣？」「真是愛生氣！」「你就忍耐一點，別把事情鬧大！」之類的話，一副自己沒有任何過錯的態度。面對這種強人所難的人，反而會讓我們責怪自己心胸狹窄，並且開始謹言慎行。現在，世界已經改變了，你可以使用下列的方式勇敢回應。

「這種事不計較，那要計較什麼事呢？」

「對你來說是玩笑，但我卻認為是認真的，這種事是由我來判斷的吧？」

「我無法忍受這種事，難道你不知道嗎？」

倘若有種方法能讓我們過得更加幸福與自由，那麼積極運用此一方法才是正確之道。現在，我只會尊重懂得尊重我的人，而且不和不懂得尊重我的人相處，我已經變得比以前更勇敢了。

# 第3章

# 懂得拿捏分寸，不踩線

# 13 伸出援手前，先詢問對方意願

我看過一部名為《奇蹟男孩》的美國電影，主角奧吉因為先天疾病，有著與眾不同的外貌，平常都會遮住自己的臉，媽媽伊莎貝爾和爸爸奈特為了讓孩子見識更寬闊的世界，於是便把奧吉送去學校。原本整個世界只有家人的奧吉，勇敢踏出第一步邁向陌生的世界。這是一部有著快樂結局的家庭電影，我不會說這部電影讓我非常感動，但電影結束後，有某個東西深深烙印在我內心的某個角落，特別是電影的最後一個場景，主角奧吉在學校獲獎演說的台詞非常美麗。

「每個人的一生，都值得一次全場起立鼓掌。

我的朋友、我的老師們值得；

我的姐姐值得，因為她永遠支持我；
我的爸爸值得，因為他總逗我們笑；
特別是我媽媽，因為她從不放棄任何事情，特別是我。
就像是布朗老師送給我們的最後一條箴言——善待他人，
因為每個人都在這世上努力的活著。
如果你想真正了解他人，你只需要用心去看。」

好不容易來到外面世界的主角奧吉，最後終於獲得世界的掌聲，以及他人溫暖的目光。只為取得自己所需而任意侵犯他人領域的單向暴力行為，並無法讓世界變美好。接納對方的真實面且不魯莽躁進，在人際關係中創造適當距離，才能夠打創出一個美好的世界。

台詞最後一句中的「看」是「保持距離觀看」的意思，並不是緊迫盯人，所謂的「用心看」是懂得適當的給予關心且適時的收回目光。

我參加的讀書會之中，有一位老師分享了自己的故事。他從小一隻腳就不太方便，一直到現在都還需要枴杖輔助，有一天他平靜地談起自己的往事。

「在我國小三年級的時候，有一天很熱，當時我拄著枴杖一邊爬上捷運的階梯，突然有人用力拉扯我單手背的布鞋包包，頓時害我嚇了一跳，拉我背包的人是一個阿姨，她看著我且發出『嘖嘖』的聲音，接著說：『唉呦，真是可憐，阿姨來幫你！』我呆立在原地，停下腳步看著那個阿姨，當時，我忍不住哭了且感到相當憤怒，我幾乎忘記自己是怎麼爬上階梯的，一股『受辱感』籠罩著我。

即便過了這麼多年，每當想起那樣的目光，仍然會讓我覺得不愉快，雖然年紀也大了，那種事也經歷多了，但我依然很難接受他人突如其來的同情言語和視線。和小時候不同的是，現在我會積極拒絕那種自以為是的同情。」

儘管年紀已過半百，現在坐捷運時如果有人注視自己的枴杖和腳，他依舊會覺得很不舒服。而且他強調那種混雜廉價同情的目光只不過是一種單向的暴力，現在面對那樣的目光他不會只是一味地低頭，而是會這樣說：

「為何一直盯著我看呢？有什麼不對勁的地方嗎？」

現在的他懂得如何擺脫對方不必要的關注，不會畏懼守護自身的領域，不選擇「逃避」，而是選擇正面回應對方的「主動回擊」。這種方法真的很帥！因為對方的行動不便、因為自己的身體完好無缺而同情與嘲笑參半地注視對方的痛處，這個世界上沒有人有這樣的權利。沒有先取得對方同意就盲目亂推行動不便者的輪椅、擅自打斷因腦部功能障礙而口齒不清的人說話，然後一副感同身受般的反問「你是要說……對吧」，都是讓對方自認很悲慘的暴力犯，而我們每個人都有必要牢記這一點。

其實，聽見那番話後，我頓時覺得很心虛，因為如果我看見年幼的孩子拄著枴杖辛苦爬樓梯，我大概也會拿走他的背包且得意洋洋地說：「叔叔幫忙你。」

我也算是絲毫不懂得考慮他人感受、口無遮攔且不懂事的人。儘管如此，我還是有些疑問，於是我便問說：「小孩子行動不便，不是應該伸出援手嗎？該怎麼做才正確呢？」接著那位老師回答說：「我希望大家對於我們這種經常遭受歧視眼光的人謹慎一點，若是不忍心就這樣離去，禮貌詢問是否需要協助後再行動也無妨，應該先弄清楚一件事，那就是要不要接受幫助的決定權在於受協助者身上。」

若是想要幫忙，請鄭重且謹慎詢問之後再行動，而無禮的「不尊重」言語會讓行動不便的人漸漸害怕走到外面的世界。我認為，並不是只有他們不適合生活在這樣的世界，你和我同樣不適合。比起輕率的體貼，保持適當距離才是真正協助那些需要幫助者的正確之道。

我們需要保持適當距離的能力，這是身為社會一分子所必須具備的品格，無論對方是孩童、弱者、少數族群、殘疾人士、貧困者都一樣，確認對方是否需要協助後才能走向對方。相對地，唯有這樣才能適當地維持自己與對方之間的距離，並且創造出更美好的關係。

# 14 用「您」稱呼看似禮貌，卻很疏離

對他人的稱呼是一門學問，單憑一個稱呼，就能適當調整與對方之間的距離，卻也可能會帶來負面影響。稱呼會引導對話的氛圍與決定關係的距離。

我要談一下自己的職場經歷，敝公司平常在稱呼同事時都會省略職位，而是在名字後面加上「先生／小姐」。舉例來說，不是稱○○○理事先生，而是稱○○○先生。那沒有職位的人呢？只要稱○○○先生就行了，公司明確指示說連「新人」這個稱呼也要徹底排除。

老實說，剛開始我覺得很不自然，特別是稱呼職位比我高的人時後面加上「先生／小姐」，讓我覺得相當痛苦。一直到昨天為止都還稱為專務的人，要怎麼改稱為「○○○先生」呢？其他人似乎也是如此。幸虧，經過一段時間後，慢慢就習慣這個

稱呼方式，從小變化就能感受得到組織內語言的趨勢改變了，我終於明白，從前上級直呼下屬全名的方式就等於是在支配對話的氣氛與內容。

最重要的變化是落實了適當維持彼此距離的文化，話雖如此，也不會過度疏遠，彼此尊重的說話方式讓公司文化趨向健全。只不過改變了稱呼，就讓公司內的交談畫面變賞心悅目，這讓我不禁感到很新奇。我試著回想自己剛進入公司的那段時期，我認為當時稱呼的目的並非讓「溝通趨向圓滿」，而是「強調你和我之間不同的地位」。

當我還是新人時，當時的組長是一個不錯的人，不僅擁有豐富的知識，而且還深具責任感。但是他平常說話時都會習慣性加上「您」，例如「聽說您今天要和事業部開會吧？」「您晚上有約嗎？」之類的，讓人聽了覺得很彆扭。

該名組長平常明明都是叫我「範俊先生」「金範俊先生」，或者是「金範俊」，但偶爾表情嚴肅對我說「您」的時候，會讓我頓時覺得我們之間有相當程度的距離感。

仔細想想也太奇怪了，「您」不是尊敬的用語嗎？在韓國，夫妻之間使用此一單字時有尊重對方的意思，或者是使用於書面敘述，也是尊稱對方的一種方法。但曾幾何時，「您」的語意變成「爭吵時貶低對方」的意思呢？而且偶爾在「您」的後面加上責備對方的內容，讓對話的氣氛變成極度糟糕，就像下面的交談內容一樣。

「這對您來說是最好的方法了嗎？」

「您算什麼？憑什麼多管閒事。」

稱我為「金範俊先生」的人，我會想要仔細聆聽他說的話，讓我有一股很舒適的距離感，不過，以「您」稱呼我的人，卻讓我覺得像是要找我爭論或是想疏遠我。如果是需要和某人「保持距離」，使用「您」這個單字就會阻斷與他人之間的距離，人生在世偶爾會出現必須與某人維持適當距離的時候，事先明白這一點也不是件壞事。但是「您」這個單字可能會斷絕與他人之間的緣分，因此該謹慎使用。

關於適當維持距離的說話方法還有一點需要注意，在職場生活中偶爾會遇到職位相同，但年紀比自己小的人，這種時候該如何說話才正確呢？因為自己的年紀較大，因此就能省略尊稱嗎？不，當情況曖昧模糊時，一律都要尊稱對方才安全。無論年紀大小，交談時一律尊稱對方才是正確答案。若我是某個部門的部長，在稱呼另一個部門的同事時，則要以部門名稱再加上對方的職稱，例如：○○部門的金代理。若是沒有私交關係，也都要使用尊稱的方式。

如果是交情很不錯的關係呢？那就可以輕鬆以對，用你們習慣的稱謂就可以了。

# 15 有時對方的肯定是種否定

擅踩他人界線的類型相當多樣化，以下舉出一些常見的狀況：

**物理上的踩線**：擅作主張就拿孩子手機來觀看的父母親

**生理上的踩線**：以鼓勵之名、行騷擾之實的上司，不但搭肩且散發口臭

**情緒上的踩線**：明明交情不深還硬要問出別人的年紀

**私生活的踩線**：朋友沒有經過我同意就上傳我的照片

特別是情緒上或是言語上的踩線是最大的問題，處於存在著位階尊卑的領域中更是如此。只因為是上司就三不五時提出「你有談戀愛的對象嗎？」「週末要做什麼呢？」之類的問題，或者是突然出現在下屬的辦公桌前等都屬於這一類的踩線行為。

就算如此，下屬也無法抗議說「您這樣讓我感到不舒服」，但這就是東方社會氾濫的扭曲組織文化。近來雖然改善了許多，但「上下關係」依舊是讓人難以容忍的固定模式，也因為這樣，雙方對於語言的概念經常會發生有誤差的情況。

我看過一篇有趣的相關新聞。上班族有一個習慣性用語「是」，現代職場經常透過線上通訊軟體等方式溝通，而在此一過程中也形成了一種新的現象——使用「是」這個字來代替自己無法準確表達的想法。舉例來說，假設上司在通訊軟體的聊天室中指示「希望你明天能完成某項工作」，此時下屬回答「是」，其中可以代表許多種意思。

「是。」

【隱藏的含意】雖然不是欣然答應，但既然下達命令了，會先試著進行。

「是……」

【隱藏的含意】包含「非得進行嗎？」嫌麻煩的意思。

「是？」

【隱藏的含意】想要直接忽視，並且說「這是什麼意思呀？」。

「是的」

【隱藏的含意】先回答再看情況，指示的內容之後看情況後進行，而不是現在。

「是！」

【隱藏的含意】會做（或是已經知道了）。

「是！！！」

【隱藏的含意】啊，好！我立刻就進行！

摘自《中央日報》，二〇一七年十一月十一日這是弱者為了生存而使用的表達方法，雖然誠實地遵從上級的命令，但因為實際上並非自己想做的事情，因此只會讓上班族顯得相當煩惱與徬徨，看見此一情景讓人不禁覺得惋惜。

更大的問題源自於，上司未能確實「接收」到下屬各式各樣的表達訊息，舉例來說，假設下屬回答「是……」上司就有義務親切地向下屬說明該件業務的重要性和方法。但若是未能意識到這一點，過了一、兩天甚至發飆說：「為什麼還沒有動手呢？」如此一來，大概就難以和下屬拉近距離吧。

回顧一下過去的自己，現在苦口婆心勸大家的我，會不會也曾沒能聽懂他人口中的「是」所代表的真正含意呢？我試著搜尋自己使用的通訊軟體當中，妻子、孩子他們最常出現的回答如下。

妻子：嗯，嘻。

孩子：嗯嗯。

我在這之前是如何解釋這個的呢？心中頓時湧入一股羞愧感，我也不假思索就把妻子和孩子們勉強表現的肯定方式，誤認為是積極與主動的肯定。

我覺得很羞愧和丟臉，在對於距離完全不自覺的狀態下想要和妻子、孩子們交談，我只是利用優越的位置（換個角度來看或許是微不足道的位置）——「一家之主與爸爸」角色執行「關係暴力」。儘管妻子與孩子的「是」代表否定、消極和逃避的意思，我卻視為是「聽懂了耶，應該能表現得很好吧？」的意思。我的人際距離感根本不及格，因此我決定要「認真」反省自己。

# 16 無論交情，都得遵守最基本禮儀

不好聽的話不該說，不只是說話的內容，嘴巴本身可能也會散發一股令人聞之色變的味道。有一群年紀大約四十五歲左右的男人，他們是久未見面的同學，因為十幾名男性聚集在一起，於是大家便相約去烤肉店享受五花肉、上肩肉、燒酒和啤酒。因為這群人都有抽菸，享受酒肉的過程中都會到戶外抽菸，繼續談還沒說完的話題。幾個小時過去後，就這樣散會太可惜了，於是便邊喝餐廳提供的咖啡邊走向KTV。

輪流唱完歌後，很快地就到了回家的時間，大家都走到前面麥克風所在的位置互相搭對方的肩膀。最後一首歌當然要點韓國知名女歌手盧士燕的《見面》大合唱，一邊唱著：「我們的相遇並非偶然……」，嗯？這是什麼味道呢？

其中一個人因為聞到腐臭且詭異的味道而皺起眉頭，似乎是從肩並肩的哲修口中散發出來的味道，正巧哲修也在看著永具，因為他懷疑這股奇怪的味道是從永具身上散發出來的。其他朋友也同樣懷疑是身旁的人散發的臭味，後來，大家就帶著不悅的心情回家了，而且完全不清楚自己嘴巴散發何種味道。

若是想要和某人維持最低程度的距離，需要針對說話的內容進行形式上的準備，也應該注意自己說話時，是否散發令人退避三舍的味道。自己嘴巴的味道應該由自己負責。在享受完燒肉、喝酒和香菸後，又喝一杯味道濃烈的咖啡，沒有人會喜歡嘴巴散發這些東西混合後的味道吧。假設他人刻意排斥站在自己的旁邊，在思考自己說的話是否很奇怪之前，最好能先思考嘴巴散發的氣味是否沒問題。

根據一名研究溝通傳達過程的學者指出，說話者只會傳達出五成的語意，聽者則只能理解說話者話中的三成。結論就是，聽者僅僅只能接收到說話者原本那段話裡一五%的語意，因此說話者就算說十件事，聽者頂多只能聽懂一件或兩件事。不過，如果情況是必須聞到說話者那令人不舒服的口臭時，大概就不會想要再和那種人交談吧，而且會想要避而遠之。

若是想要保持最基本的關係，就必須做好事前準備，如果覺得嘴巴不乾淨就該勤於漱口，如果覺得午餐的烤鯖魚讓衣服散發腥味，應該適當地噴灑一些除臭劑。桌上該放的不是只有釘書機、原子筆、筆記本、馬克杯而已，也一定要準備清除口臭的漱口水和清除身上臭味的除臭劑！這是想要和他人維持最基本距離應當準備的一種禮儀，以下我再舉一個類似的例子。

你和朋友一起報名健身房，或許是因為正值下班時間的關係，健身房擠滿了人，你舉起符合自己體重的啞鈴十五次，總共進行了三組，覺得身心暢快，而現在輪到朋友了。你將啞鈴妥善放回原位置，接著便移動去進行仰臥起坐，但此時卻發現了一個問題，那就是朋友要舉的啞鈴握把上沾滿了你的汗水！或許你的朋友握起啞鈴握把時沒有任何怨言，但他會漸漸不再想和你一起去健身房運動，而狀況外的你大概也會很瞎的問：「為什麼？你今天很忙嗎？」

你很喜歡那名朋友，但那個交情得要你遵守最基本的禮儀才能繼續下去，若是不懂保持距離的基本禮儀，最後只會剩下傷痛而已。假設今天你準備要說話時，對方卻往後退、用餐時對方將餐盤慢慢移動靠向自己、朋友無緣無故對於一起前往健身房感到猶豫，那你就得多加注意了。應該要反省對方是不是因為你的口臭而避開你、上次一起用餐時你嘴裡的飯粒是否有噴到對方的餐盤中、你的手汗是否弄溼了朋友準備要使用的啞鈴。

我們的關係是否健康呢？是否和心愛的某人相處融洽呢？是否有保持適當距離且維持舒適的關係呢？有人說「愛情會因為厭倦而逝去」，「現在的距離將會維持不變」的安逸感是否讓對方深感煎熬呢？愛的名義會不會讓對方厭倦到難以忍受呢？其實，要藉由縮短和阻斷距離來維持關係是一件很困難的事情，因為我們往往都會把保持距離誤認為是「什麼都不要做」。

保持距離並非「不做」，而是該「積極進行」！這是須伴隨著自身言語和行動的艱辛過程，且要經過非常縝密的考量。用餐時不噴飯粒、吃完午餐後至少要漱口一次、替下一個人擦乾被汗水沾溼的啞鈴等，這就是為什麼你必須專注於自己的每一個言行舉止。

# 17 沉默傾聽，反而讓人更親近

想要順利與他人維持距離，就該懂得適時地保持沉默，即使是理所當然的事情，溝通時之所以會持續提到「沉默」，就足以證明沉默是很困難的一件事。

偶爾我會以剛進公司的新進職員、中階管理者、高階主管、執行長階層為對象進行溝通相關的演講，每當這種時候我都會強調一件事，那就是隨著職位越高、年齡越大，最好能記得三個「UP」。

「首先必須『Dress up』，應該要懂得穿搭衣服，畢竟是要成為表率的人物，這是理所當然的事情。懂得穿搭衣服也包含保養皮膚和注意身上氣味，特別是抽菸的人要格外注意身體和嘴巴散發的味道；第二個是『Pay Up』，必須多付一點錢。最近的年輕人不喜歡和年紀較大的人或上司一起吃飯，因此即使一起吃部隊鍋，請幫忙付單點的泡麵費用吧！」

現在，剩下最後一個。

「最後也最重要的是——請『Shut Up』！嘴巴閉得越緊越好，這就是引導對話的方法。」

一般人大概認為擅長穿搭衣服、稍微多出一點錢是能理解，但為何要「閉嘴！」呢？不管怎麼說，說話越謹慎就越能縮短和對方之間的距離，這就是溝通的真理。

意思並不是要各位板著臉緊緊閉上嘴巴，而是要以放鬆心情展現想要聽對方說話的態度，唯有這樣，下屬、後輩才能擺脫和上司或年長者之間距離所造成的負擔，且更加接近。倘若你在說話時看出後輩、子女、下屬的眼中流露出厭倦感，問題不在於他們身上，而是在於身為說話者的你。因此，要不要試著停止自己那枯燥乏味的言論，並且叮嚀自己試著傾聽呢？

世間萬物的變化非常快速，說不定靜止的事物反而才能向前邁進。看似靜止，但卻默默地朝向對方靠近，縮短了關係的距離。因為有沉默的片刻，才會有對話的開始。

因此，試著停止說話吧！雖然這個世界充斥著噪音，但與其試著努力在噪音中提高分貝，不如靜下來尋找真正的聲音，才是讓世界更加美好的貼心之舉。

## 18 停止「弓裔風格」，改善關係

曾經有人請教過我「初次見面時好好溝通的終極祕訣」，我的回答如下：

「從事心理諮詢的專業人士的諮詢費用是一小時十萬韓圜左右（約新台幣兩千六百元），你覺得很貴嗎？若是你覺得費用太昂貴的話，今天晚上回家就試著單方面傾聽妻子、老公、子女或是父母親說話吧。大概連三分鐘都很難聽完吧。初次遇見他人時，不要一味的絞盡腦汁想要說些什麼，試著努力傾聽對方說話吧。因為只要能辦到這一點，就能被視為是一個擅長溝通的人。」

雖然我理直氣壯說了這番話，但事實上我卻不擅長傾聽他人說話，我也曾因為沒有仔細聆聽對方說的話而被斥責。

有位後輩曾和我一起學習紅酒課程和練習寫作，之後也共同撰寫了一本書，他在新村經營一間小餐廳，我偶爾也會去光顧，在這裡享用蒜味蝦、西班牙海鮮燉飯、羊肋排再搭配一杯紅酒，對我來說是日常生活中的休息時間。當我完成一件事或是因為壓力而不知所措時，這裡是讓我暫時放鬆的休憩處，也是我相當喜愛的地方。

有一天，我獨自在店裡享受羊肋排和紅酒，身為老闆的後輩突然坐在我旁邊，因為他忙到一個段落了，自己也想喝杯紅酒休息一下。我們聊了很多事情，後來，他突然冒出一句話說：「我本來一直在猶豫該不該說，你知道嗎？偶爾我會覺得你和我之間有種遙遠的距離感。」我頓時覺得一頭霧水。

我本來認為他是一個比任何人都能更放鬆交談，而且不會做出任何失禮言行的人，害我當下感到很緊張，他接著說：「我們聊過很多事情吧，但有時候我說出自己心中覺得重要的事情時，你卻經常沒有聽完就打斷我說話，每當這種時候都會覺得我們之間有相當大的距離感，被忽視的感覺也讓我內心受創。」

我覺得很羞愧，而且他說我經常用下列這些話來打斷對話：

「抱歉，讓我稍微插一下嘴……」

「對，你的想法也沒錯，但我認為……」

「我懂我懂，全世界的人大概也都和我想的一樣吧？」

基於愧疚，於是我下定決心要改掉自己打斷他人說話的習慣，並且這樣拜託他。

「我真的沒發覺，謝謝你告訴我，下次如果再發生那種情況，你就當作是幫我個忙，對我張開手掌示意說夠了。」

從那之後，我便努力觀察自己和他人交談時，是否有打斷他人說話，並且慢慢糾正自己這個壞習慣。若是想要和他人縮短距離，交談過程中打斷對方說話是一種令人傷腦筋的行為。不以「牽制」對方的方式來對話，日常生活中和他人交談時應該要特別留意。

下屬對於職場上司、學生對於老師、子女對於父母親之所以會產生距離感，理由無他，無論是地位、知識及存在本身都居於高位的他們不願意傾聽下屬、學生和子女說話且會突然插話，這就是讓人產生距離感的因素。有一個新創詞叫「弓裔風格」，意思是指「沒有正確根據就任意猜測與判斷」，起源於後高句麗的國王弓裔使用的「觀心法」，自以為能看透他人心思。全世界有許多領導者都不願意停止「弓裔風格」，這種情況下該如何溝通呢？倘若他們希望能改善與他人之間的關係，下列是我想要告訴他們的建議。

「停止『弓裔風格』且開始保持沉默吧！開始沉默後自然就會開始溝通。」

如果真的想要成為一位被認同的領導者，就不該將其他人困在自己的領域當中。有一位電影明星曾以尊敬語氣這樣形容合作的導演：「導演沒有要求我在自己的世界裡盡情揮灑能力，而是對我說：『跨越心中框住你的圍欄，讓我們一起把能力發揮出來吧！』」他在導演身上感受到一股不會執著於自身領域的領導風範。若是想拓展對於其他人的理解、若是想和某人維持適當的距離且將關係導向更好的方向，對方說話時不要隨便插嘴，而且要懂得適當地保持沉默。

# 19 隨時檢視關係的健全，適時修正

在電腦、通訊領域有一個用語是「Health Check」，意思是「確認狀態是否正常啟動」。舉例來說，在網頁伺服器使用 Ping（檢查網路連線狀態與品質的軟體工具）後確認是否有回應，或者是確認 HTTP 是否有回應的作業，透過這一類的作業定期確認伺服器的穩定性。

而保持距離也是從關係層面上的一種「溝通確認」，我們在日常生活中需要不斷地努力檢視對方的狀態，當我們怠於檢視時，很容易就會從交談的對象淪落為「漠視的對象」或是「迴避的對象」。透過以下例子來看看吧。

甫進入公司的職場菜鳥生活當中最困難的場合之一，就是與高階者一起用餐的時候，儘管高階者說：「多點一些好吃的東西，放輕鬆吃吧！」就算眼前擺滿美食，但本能告訴自己只要說錯一句話，往後的職場生活就會很難過，於是連拿筷子夾東西都變得小心翼翼，上司只要開始長篇大論，就只能停止手上的動作。

經歷過這一類情況且剛擺脫新人標籤的二十多歲的後輩向我訴苦說：「我剛進公司一、兩個月時，因為管理階層的人來，於是大家一起聚餐。那是一間氣氛很輕鬆的韓定食餐廳，我們訂了一個可容納十多人的包廂。用餐氣氛很平靜，就在這個時候，喝下幾杯燒酒的高層主管問說不是有新人嗎？為何氣氛會是這樣呢？新人不是該炒熱氣氛嗎？於是我便站起來說了一些冷笑話，並且和其他新人一起唱歌表演。現在回想起來，真的很可笑，我是為了炒熱氣氛才來這間公司的嗎？」

該名高層可能認為：「自己新人時期拿燒酒瓶當作喇叭吹、去KTV時會把領帶綁在額頭上搞笑，這點程度根本就不算什麼！」現在依舊存在著這種類型的領導者嗎？倘若還存在的話，這種領導者底下的職員和顧客見面時，是否有餘力能發掘顧客的感受性呢？我對此深感疑慮。組織內對於人際距離的敏感度，也會直接影響與顧客的距離敏感度，因為商品或服務會直接反映該組織的文化。

一個無禮的領導者主導的組織，終究只會讓組織成員踏上「自我毀滅之路」，更正，應該是踏上「組織毀滅之路」。成員在摧毀自身存在感的經驗中，呈現負面與消極的狀態，同時被動地對「團體位置」感到滿足。團體位置是一種心理學用語，意思是「就算並非團體當中所需要的角色，卻因締結關係的方式，讓自己在團體中具備特定的位置」。

假設自己的作用是在公司聚餐時炒熱氣氛，這樣的情況持續發生時，累積這一類經驗的職員其內心會受到傷害，無能為力的情況下只會和他人漸行漸遠，並且努力不要成為他人眼中的自己，最後變得沉默且防備心重的組織成員，在這樣的組織當中，並沒有所謂的健全溝通，而這類企業也終將無法成長。

你是領導者嗎？是強者嗎？力量強大嗎？年紀大嗎？財力雄厚嗎？那現在試著思考一下，該如何設定與自己周圍的人之間的距離吧！電腦也會持續地確認自己的健全性和穩定性，你想要成為連電腦都不如的人嗎？為了維持關係的健全度，定期確認對方的情況與自己說的話是我們的義務，特別是站在「高階」位置的人更是如此。

# 第4章

# 拒絕騷擾、不被打擾的聰明應對法

# 20 一句話阻絕令人厭煩的炫耀

前陣子，我去參加了高中同學會。

烤肉、辣炒章魚及清涼的混酒，讓在場十幾個同學顯得格外興奮，當中有一個同學稍微晚了一點才到。一到現場，他便對大家說：「好久不見了！」同時伸出手一一和大家握手。他接著說：「我真的非常忙，都忘記自己是睽違幾年參加這種聚會了，聽說你們經常參加？哇，你們還真閒！」氣氛頓時變得相當尷尬。為了擺脫這沉悶的心情且再次炒熱氣氛，於是便接著說：「喝酒吧！」但那個人開口閉口都在炫耀自己。

炫耀自己經營的事業就算了，還炫耀自己上個月換了德國品牌的新車，甚至還炫耀「年紀超輕」妻子的美貌，以及讓剛出生兒子穿名牌嬰兒服飾等，不停地炫耀財務、家世、車、房子，讓人頓時覺得頭痛。

他到底有沒有發現大家都已經露出不耐煩的表情呢？煩死了，我並不想把時間浪費在這種事情上，於是我便說：「哇！看來你賺了很多錢！真是令人羨慕！那今天能請客的人就只有你了！我就不客氣囉。」

後來，他就安靜多了。

我們睽違幾年難得見面，他或許有自己的想法，想引起關注？想炫耀？我和其他人想要的則是友情與愛！在古希臘時，朋友這個詞是指「能給予幫忙的人」，別說是幫助了，他連自己今天來到何種場合都搞不清楚狀況，根本算不上是朋友，只是讓人覺得不舒服的人罷了。靜靜聽這種帶來不舒服的人說話，只會浪費我們寶貴的時間，這種時候就算說出口也無妨，勇敢說：「我覺得不舒服！」

我想要和久違見面的朋友無所不談，暫時忘卻這個世界上一切的金錢與地位，來一場人與人之間的交談。在這段寶貴的時間中，根本就沒有理由聽某人單方面的炫耀，也沒有那種多餘心力可忍受。當有人侵犯我的領域，且不斷談論令人反感的內容，向對方要求支付費用也不為過吧——所謂「欣然聽你說話的費用」。曾幾何時，對於那些占用我們的場合和我們的時間，談論荒謬內容且不斷談論自己的人，我都會毫不掩飾地說：

「恭喜你！今天你要請客吧？聽你這樣炫耀，我覺得非常難受耶。」
「哇，原來如此！太帥了！第二攤你應該請客吧？今天我會盡量吃！」

為了忠於我人生的本質價值，我一直都將下列的內容銘記在心。

「我有權利和說話令人不舒服的對象保持距離。」

也許你會嘲諷說：「連這點炫耀也不願意聽嗎？」當然，我相信你不會說出這種話，但若是有人這麼問，我會回答自己想要和「層次更好」的人交談，並不想要和「層次差」的人交談。我只想跟自己喜歡的人共處，不想要過著「勉強」喜歡他人的人生，我不想和「討厭的人」一起共度時光，浪費這美好和精采的世界。

我的心胸沒有那麼寬闊，或許是因為這樣，聽見別人炫耀就會覺得不舒服。世上有那種「遇見特別正向的人會覺得有距離感」的人，而那就是我！我並沒有閒到可以聽一個和我完全沒有共鳴的人談論自己的幸福，當對方所謂的「正向」在我眼中是「炫耀」時，我會開口請對方別再說下去。我不想因為他人沒有營養的閒聊，造成自己的壓力指數升高，我只是在保護自己。

我和一名國小同學提到自己已經學會對世界說「停止」，經營小型咖啡店的她回答說：「好羨慕你這麼勇敢做自己！」原來該名朋友每天都因為「人際壓力」置身於水深火熱當中。她經營的咖啡廳空間不大，可以說是專門以常客為主，她會和常客聊些私事，也會傾聽他們說話。滔滔不絕說個不停的人總是會讓她覺得壓力非常沉重。

如果對方是朋友的話，還可以斬釘截鐵說「不想聽」，但畢竟對方是顧客，沒辦法輕易就拒絕，無論如何都得面帶笑容聆聽對方說話，但過程中一心只想要快點迴避而已，當累積一定程度的壓力後，就會產生負面的情緒。情緒並不是忍耐就會消失，而會持續累積，當累積到一定的程度，總有一天就會在意想不到的地方爆發。也因此我對她的情緒勞動感到相當難過，後來，我問：「具體來說是哪一種情況呢？」她則回答：「特別是顧客那荒謬的炫耀！」舉例如下（括號內是聽過對方說的話後，朋友當下感受的情緒）。

「這個背包是上個月我老公買給我的，雖然很貴，但顏色我不喜歡，我老公的眼光真的很差，讓我覺得很煩耶。」

（妳是想要我問妳包包多少錢吧？）

「我男朋友下星期訂了五星級飯店的豪華套房，我又沒有說要去，我男朋友真的很沒禮貌耶。」

（妳是要拍房間、早餐、游泳池的照片上傳到臉書，然後拜託我按讚吧？）

「我都找不到不錯的男人，我一年內和幾個不同的男人交往，但每個都是同一副德行……姊姊妳也是這樣吧？」

（一年換了好幾個男朋友，這是在炫耀自己很有魅力吧？）

「偶爾喝這一種紅酒也不錯，和我平常喝的特級名莊酒（Grand Cru Classe）不會差太多。」

（妳是想炫耀自己的品味很高級吧？）

我試著反省自己的行為，我是否曾因為和對方稍微熟一點，就隨便解除嘴巴的封印呢？是否曾在不知不覺當中，透過「炫耀」赤裸裸地呈現了名為支配和統治的欲望呢？我不禁回顧了自己的過去。另一方面，面對任何冒然侵犯我的領域，盲目擾亂我的情緒與時間的言語，我決定不再說「沒關係」了。

這個世界上有許多不錯的人，現在我只會向他們散發我的能量，老實說，光是這樣時間也不夠用。為了能提升和好人相處的時間，我要遠離只會一味地說出令人不舒服的話來填補自尊的人。因為我認為，唯有如此才能保護比任何人都更珍貴的自己。

# 21 善意謊言，是保護自己的生活智慧

所有人皆有私生活不該受到侵犯的權利，但尊重他人的私生活且認同關係距離的人並不容易遇見。無論是蓄意或無知，我們三不五時就會遇見擅自闖入他人領域的人，因此，假設一直都會有人冒然侵犯我的領域，最好能先學會和他們保持適當距離的表達方法，必要時就算說謊也無妨，當然，說謊並不能成為解決問題的完美對策。不過，如果是為了保護自己而說謊，為了享受應有的自由，偶爾是能夠被允許的，以下試著舉例來說明吧。

有一名三十歲出頭的女性，因為喜歡到拉丁舞酒吧放鬆，而開始學習拉丁舞的她，某天，指導她跳舞的老師來電說：「我突然有急需，但剛好戶頭沒有錢了，上次我無意間聽到妳似乎有點存款，我不需要太多，妳可以匯四百萬韓圜（約新台幣十萬元）

到我的戶頭嗎？這個月內我會連同利息一起還給妳。」她猶豫了一下回答說：

「啊，您聽見我上次和別人的談話了呀，那筆錢已經拿去投資股票了，而且我還得付下個月的房租呢……下個月如果您手頭寬裕的話，我似乎得跟您借錢，到時候請您稍微借我一點錢吧。」

當然，後來那名老師就沒有任何聯絡了。

我們偶爾需要「善意的謊言」，若是有人問：「善意的謊言不也是說謊嗎？」其實，我沒辦法反駁。它確實是謊言，但站在弱者的立場，守護自身距離的謊言不該遭受批評，而是該受尊重。假設你是一名上班族，相信上司一定曾在你準備下班時提議一起去吃晚餐，面對這「突如其來」的邀約，正確來說是「強迫」，只好傳訊息取消原本跟朋友的約定：「抱歉，因為部長突然說要一起吃飯！」。相信各位一定有遇過類似的情況。只因為區區的「請客」而逼不得已被強迫參加，現在仔細想想，這是不該被允許發生的事情吧？現在起，別再被這一類的提議擺布了。話雖如此，你不需要生氣地說：「為什麼？我不要」之類的話，可以先露出一臉遺憾的表情，接著說：

「雖然是久違的聚餐，但真是太可惜了。我妹妹說她身體不舒服，我得回家照顧她。」

「機會難得，但怎麼辦呢？我的頭好痛，看來得回去休息才行。」

若是嚴格計較「擅自侵犯我個人私領域的提議」和「善意謊言」這兩者的錯誤程度，擅踩私領域明顯較為嚴重。那種情況下就該透過「保持適當距離的謊言」扭轉情況才是正確之道，遠勝於因為將正直視為人生重要價值而回答「聚餐至少要三天前取得大家的同意」的方式。

對於勢力權衡下難以啟齒的無數弱者們來說，善意謊言並不是一般的謊言，而是一種保護自己的「生活智慧」，因此不需要因為說謊而感到自責。

保護自己的私生活是憲法賦予我們的權利，就算用它當作藉口也無妨，當然我並不是鼓勵大家說一些顯而易見的「客套話」。因為善意的謊言必須在不傷害他人情緒的範圍內進行才合乎情理。

小說《最後一片常春藤葉》敘述一位無名的女畫家罹患重病遊走在死亡邊緣，她對人生徹底感到絕望，認為外面的常春藤葉子全部掉光時，自己的生命也將會結束，就在這個時候，某人在夜晚時偷偷在圍牆上早已掉光的常春藤上畫了一片葉子，受到那幅畫的影響後，罹患重病的畫家頓時對生命燃起希望。這個故事可說是善加運用善意謊言的例子。

就算無法幫承受煎熬和痛苦的某人畫葉片，也沒有理由把僅存的葉片摘掉，與其說些會觸及對方傷痛的言語，暗自使用繃帶包覆傷口，這才是不摧毀彼此距離的方法。

裝模作樣且毫不掩飾地說出自認為正確的話，反而會惹人厭，最後只會換來一句：「我是為了聽你說那種話才問的嗎？惹人厭的傢伙！」與其讓這種情況發生，倒不如利用明智與成熟的善意謊言，適當地調整自己與對方之間的距離。

# 22 面對無禮提問，與其迴避不如正面回應

有些人會讓我覺得難過，就是「明明不清楚」卻又隨便發言的人，我討厭和膚淺、利用錯誤訊息冒然評論我的人交談。他們通常都會說「這是為了你著想」、「只有我才會這麼告訴你」、「考慮到你」、「因為是我」……的言論很可笑，但另一方面也很殘忍。這些言論對我來說，就如同是每天都會遇見的巨大垃圾堆一樣，現在，我想鄭重拒絕那些垃圾般的言論，因為就算他們是基於「體貼」，但對我來說，只不過是將「無禮」的單字排列在一起罷了。

每個人、每天都會因為無禮之徒的言行而導致內心受創和痛苦，難道沒有辦法能和無禮侵犯領域的人維持適當距離嗎？能適當維持我和對方之間的關係距離，同時能掌握自身領域的主導權，並且保護自己。雖然無法涵蓋生活裡可能會遇到的一切情況，

但我想透過幾個事例談論適當保持距離的說話訣竅，這並非模範答案，僅提供參考！

## 有效拒絕也不得罪的應對案例1

假設妳是一名單身女性，有人問說：「妳有男朋友嗎？」妳會怎麼回答呢？先設定為兩種情況，如果提問者是男性且是公司的前輩，那就以這樣的方式回答吧。

「有，下個月就是我們交往第三年，他是一個相當可靠的男朋友！」

就算是說謊，只要以這種方式回答，就不會有「煩人的後續問題」，有許多男性都明顯存在著「歸屬權」的觀念。雖然有人說過「難道有守門員就無法踢進球得分嗎？」這麼一句話，但令人意外的是，「當發現如果有守門員時，乾脆連球都不願意踢」的男性相當多。因此，若是覺得提問者的意圖存在著一絲絲不軌之意，直接回答有男朋友也沒關係。

倘若提問者是女性同事呢？

「妳要找我去聯誼嗎？謝謝！」

## 有效拒絕也不得罪的應對案例2

你正在和同時期進公司的同事談戀愛，正確來說是「曖昧」階段，此時有人問說：「你們在交往嗎？」提問者如果是前輩的話，該怎麼回答呢？

「不是啦！只是會幫忙解決困難的好同事而已。」

對方若是對「我們的交往」處於不清楚的狀態，那就維持在那個狀態吧！反正又不是要幫忙出約會的費用。如果提問者是同事，就毅然決然劃清界線吧！

「很羨慕嗎？要怎麼想是每個人的自由，但希望你不要誤會！停止毫無意義的關心！」

## 有效拒絕也不得罪的應對案例3

若已經有交往對象，有人問說：「妳男朋友是什麼樣的人呢？」無論提問者是男性、女性、前輩或同事，只要說另一半就職公司的相關領域即可。

「他在遊戲公司的行銷部門工作。」

倘若對方再問：「喔？我也有很多朋友在遊戲公司，是哪一個公司呢？」那就依照下列的方式回答。

「會在一起多久都還不知道呢，如果有更深入交往，到時我再告訴你，我們先去吃午餐吧？」

## 有效拒絕也不得罪的應對案例 4

談戀愛已經好一段時間了，若是有人問說：「何時要結婚呢？」這種時候該如何回答呢？提問者如果是公司的前輩，那就回答「我想要先專注在工作上。」最好不要談論尚未確定的事情，有一項統計顯示結婚的人當中有三分之一會離婚，「只不過是在談戀愛」而已，要論及婚嫁還早得很。如果提問者是同事呢？

「你要包多少禮金呢？」

對於只想挖掘他人八卦的問題，稍微厚臉皮一點也沒關係。

## 有效拒絕也不得罪的應對案例 5

和另一半已經到了深入交往的階段，周圍的人知道後便問：「要結婚了嗎？和父母親打過招呼了嗎？」此時需要的答案和前面的例子差不多。若是提問者是前輩，回答：「我們的關係很穩定，但一切都還不確定，我還有事要做，先離開了！」之類的就夠了。如果提問者是同事，也能依照下列的方式回答。

「和父母只有吃過一次飯而已啦。」

## 有效拒絕也不得罪的應對案例6

婚期已經決定了，有人問說：「結婚後工作還要繼續嗎？」

倘若提問者是公司前輩，回答：「結婚後會更加努力工作。」會是模範答案。如果提問者是同事的話，可依照下列方式回答。

「我是為了讓職場生活更順利才結婚的。」

## 有效拒絕也不得罪的應對案例7

已經結婚兩年了，目前還沒有小孩，假設有人問說：「你還不生小孩嗎？」若是提問者是公司前輩，回答：「我還想要專心處理份內工作。」對於毫無意義的問題，這算是一種聰明的回答。如果提問者是同事，那下列的回答怎麼樣呢？

「順其自然啦，我也很期待。」

建議可透過適當的台詞和對方維持健康的距離，有時候迴避會是答案，但必要時直接應對也無妨。心理學中有一個用詞是「面質」（confrontation），不要迴避自己錯誤的目標與信念，而是要正面意識它。我們經常因為社會的錯誤信念和態度感到痛苦，越是掩飾越會對內心造成傷痛，當這一類的傷痛累積起來後，就會妨礙我們適應這個社會，以及引導我們做出自我毀滅的行動。因此，對於侵犯個人領域的錯誤言語和行動，現在試著正視它且理直氣壯表達吧！這不該受到譴責，而是值得獎勵的行為。

# 23 用有格調的方式回應沒品的「偽強者」

最近，果敢創業且成功闖出一片天的青年很多，長久以來我都是領薪族和擔任業務的職務，對於這類人的挑戰一律都會給予鼓掌，因為我知道這是多麼艱辛的一件事。尋找創業商品、準備開張及等待不知何時會出現的顧客，這本身就是一項藝術和煎熬的過程。不過，各位知道嗎？小規模創業最大的難題就是人，「帶著顧客面具的惡魔」會讓他們的精神趨向疲憊，我曾聽過一名二十多歲的女性自由工作者成立設計公司的故事，以下是她的故事。

在出社會之前，就曾因為各種言語而受到傷害，但相較於正式開始社會生活後，短短兩年間所聽到的無禮發言，先前聽到的那些話根本就是小意思。可能是因為以一名自由工作者來說，她的年紀很輕，每次開會時，她都得聽到許多沒禮貌的言語。從

「妳這樣當自由工作者能養活自己嗎？」這一類毫無意義的擔憂開始，以及「這樣應該無法生活吧……妳是做興趣的嗎？」被同情，甚至是「要不要一起去高級餐廳吃晚餐呢？」有婦之夫那令人作嘔的邀約等各種荒謬的話都聽過了。

更讓人深受打擊的是，說出這些話的人，都是在世俗眼光中的「正常人」，而那些人包含了大企業的組長、中小企業的理事及業界知名的公司老闆。

開會前，使用電子郵件來往時，他們也都還很鄭重，但一旦發現對方是比自己年輕的女性時，他們的態度就完全轉變了。或許他們會認為是給一個剛開始接案的社會新鮮人一些建議，也可能是認為她的年紀和自己的女兒差不多，為了給予鼓勵便說出那樣的話。但他們是提供工作的客戶，僅僅如此而已，這理所當然的事實未能獲得認同，就這樣被當作某人的女兒看待、被當作情人看待，對她來說實在是一件很痛苦的事情。在此一過程中，只因為對方是顧客，為了能把握眼前的工作機會，她當然也只能以尊重的態度面帶笑容，但她對於反覆此一過程感到相當鬱悶。

現在，她已經當自由工作者第三年了，她說自己承受荒謬言論的能力已經變得相當強大，她一直以來都把「客戶只視為是客戶」，若是聽見莫名其妙的同情與安慰、鼓勵等，現在，她都會以下列的方式回答。

「您說那種話，讓我感到很困擾。」

她不僅會回答對方，也會展現適當的行動，以有格調、機靈的方式回應對方。隨著應對無禮者的技術一個個增加，自己的業務能力也增強了，面對不懂關係距離的無知者說出的無禮言論，她不會只是露出尷尬的笑容回應，她已經學會適當地反駁，並且慢慢找回內心的平靜。

雖然她往好的方向做出結論，但我卻感到很難過。不懂得測量與對方之間的距離及不懂得適當維持距離的人，導致世界變成一片渾沌，光是聽見那些事就足以讓人覺得煩躁了。保持距離是指認同彼此領域的一種「秩序」，如同事物皆有既定的位置，人也有既定的位置，肆意侵犯他人領域的瞬間，關係的秩序就會變成一團亂。距離感、保持距離是強者比弱者更應當知道的一種智慧，但缺乏此一智慧的「偽強者」卻總是肆意妄為，讓人不禁深深感到鬱悶。

弱者須與強者保持距離且避而遠之的社會，是一種低水準的「沒品社會」；強者努力理解弱者的情況並產生共鳴，同時還能保持適當距離的社會則是「高品格社會」。很遺憾的是，我們周遭有相當多人在成為強者後便忘記這個道理，強者只會一味想要侵害弱者的權利，弱者則在無可奈何的情況下忙著逃跑。關係的破滅，是強者在不懂得與弱者維持適當距離的狀態下，還企圖與弱者溝通而造成的悲劇。

# 24 這樣做，抵制言語霸凌的惡習

有些人在他人糾正之前都不會發現自身的錯誤，這種時候就該說出口，說了對方才會懂！當然，一定也會有說了還是不懂的人。甚至有些人明明已經告知了，卻以它當作藉口造成他人的不利，雖然不清楚那一類的人是如何生存至今，但相信他們一定會重重跌一跤。世界若是改變了，理所當然就該隨機應變，不懂此一道理的人遭遇困境也是自找的，他們是和變化的世界搏鬥的一群笨蛋。對世界的變化一無所知，言行只會「依照先前的方式」、「和以前一樣」，最後就這樣被「瞬間擊倒」的可能性相當高。以下來看看一名職場新鮮人的故事。

「這是大學時聽顧客服務相關課程時發生的事，講師是當時某間服務業公司的在職員工，當時，講師突然注視著學生說：『各位應該知道，自己的臉就是一種服務』

且大放厥詞，雖然聽起來有些不舒服，但畢竟講師從事服務業，心想大概是指微笑或表情之類的吧，於是便想說算了。不過，後來講師說的話越聽越覺得奇怪，後來甚至說出似是而非的詭辯：『特別是女生要注重臉蛋，必要時則要花一些錢去整形，我目前任職於人資部，我說的話一定要相信，不然肯定會吃苦頭！』」聽見講師荒謬的言論後，我不禁露出了苦笑，但他那完全忽視個人能力與個性的言論，卻一直烙印在我內心深處。」

該名講師是一名男性，而該名職場新鮮人則下定決心說自己要成為超越「臉蛋也是服務」那種無知言論的女性。換成是我的話，我會反問說：「那您認為教授的服務怎麼樣呢？」並且露出一臉「不屑的笑容」，最近，若是有講師說出這種沒腦的言論，學生們下課後大概馬上就會去要求更換講師，說不定還會要求支付精神賠償費。

若是遇見光聽他說話就會令人煩躁，且總是說些荒謬言論的對象，那就試著以下列的方式回應對方吧！要記得開啟智慧型手機的錄音功能。

## 「您說的話真有道理，可以再說一次嗎？」

為何我們生活周遭會這麼多完全不考慮和對方之間的距離、口無遮攔和缺德的人呢？那些人的禮儀到底去哪裡了呢？他們只會根據自己狹隘的思想說「你要成為……的人」之類的話，甚至會提出毫無根據的威脅說：「不然你們就會過著……的日子」，但事實上我們根本就不想和他們過一樣的生活。為何他們要不惜展現自己那淺薄的人生深度說出那些言論呢？真的是豈有此理。而必須聽那種荒謬言論的我們內心當然也不好受，另一方面也覺得很可笑。我並不是他們所想的那種人，真希望懂得保持適當距離的人能越多越好，希望我所生存的世界、我的子女所要享受的世界，可以成為一個更美好的地方。

聽說有一個醫院的護理師在工作時，胸前都會掛著寫有「禁止燃燒」、「禁止失禮」等的胸章，那是醫院的工會發給護理師的胸章。「禁止燃燒」讓我看得一頭霧水，經過了解後才知道，「燃燒」是源自「靈魂燃燒至灰燼」的意思，指前輩在教育後輩的過程中發生的霸凌。提到「護理師」就會想到「白衣天使」，對於有這種先入為主觀念的我來說，難以想像會有那種事情發生。

我個人很討厭一句話，那就是「你試過……嗎？」倘若是以謙虛的態度說，當然就該給予認同，但最近，大部分使用這句話的人在「你試過……嗎？」後面都會加上「你必須依照我的方式做，懂嗎？」的意思。乍看下是不錯的一句話，但事實上卻是單方面強迫的意思，不過有一句話比「你試過……嗎？」更惡劣，那就是「我也是這樣！」

據說護理界的「霸凌」是長久以來的習俗，這惡劣的文化之所以會延續，是因為遭受「霸凌」的當事者並不是下定決心「以後絕對不要成為這樣的前輩」，而是抱持「我也是這樣過來的，後輩當然也要體驗一下」的心態。

積弊並不是只存在於政治圈，不管怎麼樣，我認為在這種情況下，戴著「禁止燃燒」的胸章可以改善組織文化，就算是完全忽視距離的人，只要給予警告，相信因為

「惡劣習俗」而變成一團亂的人際距離也能獲得改善。

反問：「請先看看你自己的臉」、抵制名為「霸凌」的慣行，且戴著「禁止燃燒」的胸章等全都是形成良好關係的方法。這對於口口聲聲說自己是在不知情的狀態下犯錯且敷衍了事的講師，以及延續霸凌習俗的護理師前輩來說並非失禮，而是趁他們闖下大禍之前先提醒他們，我認為這是一種很酷的行動，他們反而應該心存感激才對。

# 25 不破壞關係的真心道歉

我們經常都沒能好好的道歉、正確的道歉，只要能好好道歉，說不定就不會危害到關係。道歉時要記得一個關鍵字，那就是「真心」！若是感受不到真心，那我們的道歉對他人來說就只會是「沒有真心的狡辯」罷了。倘若自己的錯誤造成雙方關係受到動搖，盡可能先挑個適當的時機，然後誠心誠意向對方道歉，是能維持關係距離的祕訣。試著舉例來看吧。

這是最近發生的事情，我因為某事誤會了就讀國中一年級的老大，訓了他好一段時間，後來才發現一切都是我搞錯了，當我察覺到時，相當驚慌失措，不知道該如何收拾殘局。我苦思了幾個小時且深感痛苦，後來，我終於鼓起勇氣對孩子說：「爸爸搞錯了，對不起！」結果，我也只說得出這麼一句話而已，我討厭這樣的自己，無論如何，我在適當的時期道歉了，幸虧孩子看起來似乎也接受我的道歉，而我也得以鬆一口氣。我相信孩子的潛意識中存在著對父親的憤怒與遺憾，我依舊感到愧疚，不管怎麼樣，找到適當時機真心與具體地道歉才是正確的，比起什麼都不做來得好。

朋友或同事之間也需要真心的道歉，有一次朋友來電說：「你到底在想什麼？為何要對我做這種事？沒想到你是這種人，我對你真的很失望！算了！」在我反問「那是什麼意思」之前，電話就掛斷了。後來，就算我回撥電話，對方也沒有接，簡訊和通訊軟體訊息也都不回應，經由我透過其他途徑探聽理由後才知道，先前我和該名朋友及另一位朋友曾一起去濟州島海釣兼連繫感情，該名朋友曾針對付費的問題提出疑問，三天兩夜的住宿費是四十五萬韓幣，但他卻誤以為是十五萬韓幣，認為剩下的三十萬韓幣被我私吞了，所以才會打電話對我說那些話。

我當時很氣憤，明明是他自己搞錯費用卻對我說出那種話！後來，朋友的朋友向他解釋，而該名朋友也向我道歉且提議要去喝一杯。喝酒時，他舉杯對我說：「抱歉，你當時一定很不爽吧？我出社會後也曾遇過明明不是自己的錯卻被臭罵一頓的情況，這種時候就會感嘆原來這就是人生！總之我很抱歉，你就消消氣，改天再一起去玩吧！」但我的內心依舊覺得不舒服。

理由有兩個，第一，「我的心胸狹窄」，我沒辦法欣然接受他人的道歉，我承認此一部分是我個人的問題，但我想要說的是，該名朋友的道歉方式也有問題，比起「真心想要讓彼此之間的距離變近」的心意，「想要快點解決眼前問題」的逃避意圖顯然更加強烈。他只是想要藉由道歉的方式快點讓自己放心，但卻未能斟酌要取得諒解的我的心情，也就是說，這不能算是好的道歉，「總之對不起」這句話，對我來說是毫無意義的道歉。

不過，這個朋友還算稍微好一點，有些人道歉時是說：「如果你不爽的話，那我道歉！」這種道歉方式在他人眼中則是「我認為這種事不需要不爽吧？心胸狹窄的你生氣了呀？那我道歉」的意思，根本找不到一絲絲承認「自身過錯」的成分，這樣當然無法維持健全的關係，等於是忽視了彼此的距離。若是真的想要道歉，就得明確找出自己的錯誤，具體向對方說清楚後，鄭重地取得原諒，這才是正確之道，而且是要站在對方的觀點。

是否接受道歉，取決於對方，也就是被害者。就算重複一百次「讓您煩心了，我真心向您道歉！」如果被害者不接受，就不能算是道過歉。韓國電影《密陽》中有一句台詞是「上帝已經原諒我了」，當孩子的母親好不容易決定要原諒誘拐且殺害孩子的加害者時，加害者卻突然對孩子的母親說了這麼一句話，這句話完全沒有考慮被害者的感受，而且再次殘忍地踐踏了被害者。

不要太快說出道歉的話，或者是費盡心思想要寫些什麼，應該稍微讓思緒再沉澱一下。話雖如此，也絕對不要慢慢拖！選擇能取得對方原諒的話吧，語彙、表情全都經過縝密思考過且蘊含真心道歉語氣的一句話。

在道歉時，時機也是相當重要的一個部分，假設我做錯了一件事，此時不要直接去向對方說：「喂，剛才是我錯了。」如果稍微過一段時間後，再向對方說：「剛才的事情是我不對，對不起，你一定覺得很不舒服吧？」對方更能接受自己的道歉。試著假設兩人是交往的關係，雖然不清楚原因，但另一半卻因為我生氣了，因為討厭彆扭的氣氛，於是便道歉說：「我錯了！」聽到這番話後對方會消氣嗎？答案是否定的。那一天兩個人大概都會提早回家吧，而且會接到電話說：「你真的知道自己哪裡做錯嗎？」然後兩人又再次發生衝突變得更尷尬，最後甚至可能會演變成分手。

若是真心想要道歉，就必須搞清楚自己做錯什麼事導致對方生氣，當釐清對錯後，如果有錯就該承認和虛心接受，應該適當地等一段時間過去後，再向對方道歉，草率的道歉反而會造成對方生氣。

美國在提供給全體國民的〈核武應對手冊〉當中有一句話是「待在室內」，不要隨便到室外，至少必須待在避難處兩個星期以上。人際關係亦是如此，關係越是受到動搖、越是想要縮短關係的距離，就更需要「一定時間內維持適當的距離」。與其冒然接近對方，適當的冷靜對於彼此的關係更有助益，希望各位能牢記在心。

# 26 讓討厭的人遠離生活範圍的好方法

有一部漫畫的作者說過這麼一句話：「我不會讓討厭的人出現在漫畫中，如果可以的話，我不想和討厭的人一起相處。」

因為畫漫畫會和那個登場人物在同一個空間中呼吸，我認為他坦言不畫討厭的人是一種明智的選擇，沒有理由刻意讓討厭的人出現在日常生活當中。如果有不想要相處的人物，試著尋找能讓他遠離生活範圍的方法吧！或許有些人會說：「為了生存，逼不得已只能和那種人相處，少天真了！」但冷靜思考後發現，其實我們是有能力和壞人、劣質的人、令人疲憊的人保持距離，這不就是我們每天都努力生活的原因嗎？若是有必要的話，在狀況允許的範圍內也應該要努力反抗。

我想介紹一個相當有效的訣竅，給為了不受到傷害而想維持適當距離的人，那就是使用文字代替言語。這種做法，能夠以更客觀的角度來設定關係的距離。一名在職場上工作的後輩說的話，至今還留存在我腦海中，他服務於公司的會計部門，每逢月底、年底會特別忙碌，那種時候別說是一一回覆每一通電話，就連接電話都很困難。有一天同部門的前輩對忙到暈頭轉向的他說：「電話？別接了吧！」看見他露出一臉疑惑的表情後，該名前輩笑著說：「等一下再傳訊息說『有事請傳簡訊』！」

於是他便嘗試這樣做，結果呢？他從接電話的壓力中獲得解脫，而且業務造成的壓力有一半以上都消失了。聽完這番話後，我不禁認為「原來還有這種解決方法呀！」另一方面也懷疑「這會是組織的正確溝通方式嗎？」不管怎麼樣，短期解決方式就是讓來電者「不要用說的，改用文字訊息溝通」，而這方法能帶來戲劇化的效果。

我認為這個方法能依照自己的狀況運用，若是想要防禦他人的言語，那就要求對方使用文字溝通，它不僅能和對方維持適當距離，而且還會是出乎意料之外的好方法。你的要求能讓對方慢下速度，也能整理自己的思緒，說不定在找到更具體的資訊後會嘗試再次接觸。

假設來電者是地位比你更高的人，舉例來說，像是上司、父母親、老師之類的，那就不能隨便用這樣的方式。稍有不慎的話，別說是維持適當的距離，可能還會和想維持適當距離的人永遠斷絕關係。

這是一個能在滔滔不絕的言語當中保護自己的好方法，對付那些無意間闖入我的領域以及擅自縮短距離接近的人時，也會是一種防禦對策。

其實，我也很討厭不管三七二十一不斷來電提出要求的人，不只是職場上而已，在網路上也是一樣。我的社群網站好友人數控制在非常少的範圍內，臉書的好友人數呢？著作本書的此刻，我的臉書好友人數只有六個人而已，而且僅限和書相關且就算知道我的私生活也沒關係的人，其他人若是提出好友邀請，我都一律拒絕。就算對方是公司的上司或敬重的前輩，我都會無情地「封鎖好友」，就算別人對我的行為有任何批評都無所謂，畢竟我有為了幸福保護自己的權利。

我很清楚過度限制使用社群網站會導致無法拓展人際關係，但考慮到會暴露自己的私生活和受到他人的干涉，我倒是很滿意自己的方法。為了維持安定的日常生活，必要時我會和周遭親近的人保持距離，選擇跨越適當距離且較遠的位置，我認為這不只是為了自己好，也是為了他人著想。「了解越深入，並不代表就愛得越深。」這也是我的人生哲學之一。

我之所以會採取如此極端的方法限制社群網站，還有另外一個理由，因為我不想把心思放在毫無意義的事情上，對於那些毫無意義的東西（臉書好友按讚）我採取完全忽略的態度，後來，我發現這樣讓自己變得非常輕鬆自在。我認為總比因為別人在使用或他人慫恿，於是自己也跟著草率地暴露了私生活，並且因為網路上的反應而搞得自己身心疲憊來得更好吧。

對他人吃喝玩樂的貼文按「讚」，以及因為系統通知而逼不得已看見一些並不想看內容，我認為減少這一類浪費時間的行為，對自己來說是一件好事。

# 第5章

# 為了遇見更好的人，遠離不良關係

# 27 別為錯的人耗費心力與時間

這個世界上的「好人」其實比想像中還多，有比好人少一點的「壞人」，還有比壞人更少的「怪人」。我們夢想和好人一起共度的日常生活，但我們純樸的夢想卻因為壞人和怪人而支離破碎，他們擅自闖入我的領域，並且對於自己與我之間的距離視而不見。我在和他人締結關係的過程中領悟了一件事，把那些花在壞人和怪人身上的時間拿去尋找更多優質的人、擴大關係的質與量，才是更明智的生存之道。

以我的經歷來說，我曾經費盡心思和壞人、怪人締結關係，為了維護關係而使盡渾身解數，為了不讓這段關係結束而努力，但卻因此導致內心受創，而且這樣的經驗不是只有一、兩次而已。現在仔細想想，我的生活似乎是自己搞砸的，我很後悔且開始在反省了。對世界上那麼多的好人視若無睹，卻費盡心思想和壞人、怪人締結關係，允許那一類的人輕易靠近自己，結果最後卻只能嘆氣說：「我早猜到會這樣了！畢竟人性本惡！」

為了維持和他們之間那段錯誤的關係，甚至讓我的身心都變成一團亂，不知道各位是否聽過「體化症」（somatization）這個詞語，它是心理學用語，指「心理影響生理而造成不適症狀」。舉例來說，對於某人的厭惡以嘔吐的反應呈現。或是和某人之間的精神衝突造成胃潰瘍等疾病。

和錯的人之間保持親密距離，不僅會傷害我們的精神，甚至還會傷害我們的身體。現在我懂了，倘若是我不需要牽扯上關係的情況和不該牽扯上關係的人，那就該拼命地遠離才對。這個世界上最有效果的防老化、護膚美容祕訣，就是和壞人、怪人保持距離。

事先了解壞人、怪人於關係初期會展現的幾項典型情況後，再予以應對，也是不錯的方法，舉例來說，壞人與怪人的代表特徵之一就是「依照自己的基準輕蔑他人」，他們會依照「對方比我強？還是比我弱？」的基準來評斷他人。依照位階順序、年齡、職級等區分力量的強弱後，將弱者視為可笑的存在，對強者則唯命是從。如果這是一般人的心態，那我也無話可說，但也該有個限度不是嗎？如果是超越一般基準的人，最好在短時間內就能保持距離。

我有一段時間都在打高爾夫球，雖然得花錢並投入漫長的時間，但我認為相對地也有它的價值。我加入了一個會員大約兩百多人的同好會，一個月會去首爾近郊打球一次，我很喜歡這樣一起運動聯絡感情的時光，不僅能清除日常生活中的壓力，同時也能透過和新的人見面，從經歷不一樣的他們身上感受自身的成長。

有一天，打完球後大家一起去吃午餐，那間餐廳的清麴醬和豆腐料理真的很美味，我和球友們度過了愉快的一天。用餐完在停車場道別之際，平常我認為交情還不錯的一位球友，叼著一根菸慢慢走過來且低聲抱怨說：

「嗯？那個人走了？他剛剛一直炫耀自己買了新車！」他是說新買一輛德國進口車且顯得相當開心的牙科醫生吧。就在我心想「換成是我大概也會很開心吧」的時候，那位球友又繼續說：「開好車就以為自己水準也能變好嗎？明明只是從不怎樣的大學畢業……」

我頓時懷疑自己是不是聽錯了，平常看起來很穩重，而且成功扮演好聚會總務角色的人竟然會說出那種話，讓我更加深受打擊。該名球友大概是因為知道我是畢業於首爾的大學，所以才會毫不忌諱地說出那種話，但聽見「不怎樣的大學」那句話後，讓我再也不想和那位球友繼續維持關係了。實際上我也沒有再參加那個聚會，雖然同好會中有很多好人，但如果擔任總務的人其思考模式如此，那我只想避而遠之。老實說，我也很害怕自己不在場的時候，說不定他會對其他人這樣評論我：

「他都已經這個年紀了，還沒辦法成為公司的管理階層……」

「他的身材這麼矮小，會有力氣嗎？」

「那個傢伙年紀輕輕還真是沒有禮貌！」

通常，喜歡利用自己的優勢當作基準隨便貶低他人的人，我至今還沒有見過有正常的，如果某人評價他人的基準是「對方是否比我優秀？」我都會盡可能遠離那個人。而「我記得那個人以前是……的人」以這種方式在背後說閒話的人，也都不是什麼好人，所以我現在都會徹底遠離這一類型的人。

話雖如此，我戒備且更加害怕另一個類型的人，最近我和怪人、壞人來往的過程中，我不禁懷疑自己是不是被同化了。韓國有句俗語說「邊罵壞婆婆邊學習」，也有人說「近朱者赤，近墨者黑」。如果待在奇怪和惡劣的人群當中，我會不會也被同化呢？我曾經一度感到很害怕。

我相信那些怪人和壞人應該也有話要說，主張說「那並不是自己的本意」，但要保持什麼樣的距離，是以對方的想法為基準，就算只是基於開玩笑所說出的話和做出的行動，若對方覺得不舒服那就是不舒服。假設那個不舒服讓關係變得疲憊不堪，對方也有保持距離的權利。

舉例來說，假設有一個身材高大的人對一個身材矮小的人開玩笑說：

「你有沒有覺得自己的身高和我有種距離感呢？」，或許說者沒有惡意，但站在聽者的立場一定會覺得不高興。這一類的玩笑若是反覆出現的話，就一種錯誤的行動。如果是我聽見這一類的話，我一定會積極表達自己的情緒。因為是朋友，所以就該更明確表達反感，就算已經給對方機會了，假設朋友依舊繼續說些讓人反感的話，屆時就該明白遠離對方的時候到了，建議你可以依照下列方式回應。

「我也不太清楚，倒是因為你太胖了，走在一起時會讓我覺得有距離感。」

此時若是對方生氣的話，就當作是最後一次機會且解釋一下吧。

「你覺得不爽吧？你說的話也讓我覺得很刺耳，就算我們很熟，在談論到可能是對方弱點的部分時，也該更小心謹慎。」

倘若已經說得這麼明白，但對方卻回答說：「喂，身材矮小有什麼好不爽的呢？」那我就算是仁至義盡了。無論這段期間雙方有多麼要好，我也已經沒有理由繼續幫助他理解自己，而且也沒理由繼續來往了，完全斷絕關係才是正確的選擇。因為縱使現在看起來很正常，但過一段時間後，就會變成折磨我且如同垃圾般的存在。垃圾就該扔進垃圾桶，盡可能立刻就展開行動！因為若是稍微晚一點，可能就會發現自己正在撿起連垃圾桶都不想收的髒東西。

# 28 有時，絕交是必要之惡

有人問了我一個問題。

「我的主管是出了名的口無遮攔，不久前他竟然問我穿什麼尺寸的內衣，他說要買送給老婆的生日禮物，尺寸看起來和我差不多。當時我真的很想臭罵他一頓，這種時候我該怎麼回答呢？」

我的回答如下：

「法律對於性騷擾有相當嚴格的基準，請勇敢反擊吧！不過，說話的時機很重要。鼓起勇氣對抗他人的性騷擾固然是好事，但若是氣氛不對的話，請等待其他的機會。午餐結束後，和那名部長一起喝咖啡的時間點應該不錯，請勇敢說出口吧！『部長，上次您不是問我內衣的尺寸嗎？我一直都在苦思該怎麼回應，這算不算是性騷擾呢？

還是我該問問其他人呢？』，相信那傢伙一定會感到相當訝異！」

一定要遠離那傢伙！保持距離是一件需要勇氣的事情，勇氣的相反詞是卑怯，不需要讓自己成為卑怯的人。做出那種「源於大男人主義的低級表現」，責任不在你身上，而是在對方身上，面對那荒謬的性騷擾，如果只是一味地在心中詛咒對方「被車撞死！」終究還是無法解決問題。勇敢反擊那傢伙吧！這才是正確保護自己的方法，這也是你為了創造更美好的世界而付出的貢獻。

假設說了還是沒有效果，那就把他當「垃圾」丟了吧，我們沒有理由刻意抱著不具任何價值且捨棄也不足惜的垃圾。

我曾見過類似的例子，這次我要談一名女記者的故事，該名女記者的採訪對象是一名男性高階公務員，無論是學歷、資歷或散發的品格都相當優秀。兩人為了採訪見過幾次面，有一次則一起去喝酒，這個時候一定會有人質疑說「採訪幹麼要去喝酒呢？」希望各位也把這樣的人列為要保持距離名單的第一名。在喝酒時，突然之間氣氛卻變得不太尋常，該名高階公務員竟然企圖強暴女記者，而記者則立刻逃離那個地方，因為實在太荒唐了，於是女記者便把這件事告訴自己信賴和依靠的前輩，那個前輩也是一名女性，但她得到的回覆卻相當出乎意料之外。

「妳為什麼要跟他去喝酒呢？而且他是重要的採訪對象，妳怎能就這樣離開現場呢？」

有一次，我聽見檢察官在電視節目裡談論檢調機關的性騷擾事件後，不禁感到訝異，也終於明白記者同樣也是在相當險惡的組織文化中工作。檢調機關和報導新聞的記者都應該是秉持「正義」的職業不是嗎？看見這樣的組織當中的成員發生性騷擾與性侵，讓人覺得相當豈有此理。至今，這一類的事情都被刻意隱瞞，就算鼓起勇氣將自己的慘痛經歷告訴外界，卻可能會在組織倫理之下被犧牲。

然而，世界已經改變了，現在已經能說出口，而且我們應該要勇敢說出來。

從前，我們對於他人擅自侵犯領域的無禮言行都選擇忍耐，一直都以為唯有「逃避戰略」才是對抗無禮和失禮行為的解決方式。所以我們不擅於正確的應對之道，沒能當機立斷就使用睿智、帥氣和優雅的言行，對抗那些本應該避而遠之的對象，只是在內心詛咒對方，且認為迴避就是應對方法。現在，我們終於明白了，那樣只會讓世界變成更像地獄，是一種卑劣的逃避方式。

對於他人荒謬的言論，應該要懂得窮追不捨，舉例來說，在上面的事例中，女記者向前輩傾訴自己差一點被性侵的事情，如果我是該名記者，聽見前輩對我說出那種令人傻眼的答覆時，我會分為三個階段，依照下列的方式反問對方。

第一階段：「您那麼認為嗎？」

（假設對方回答「怎樣？很奇怪嗎？」那就進入第二階段）

第二階段：「您真的那麼認為嗎？」

（假設對方回答「嗯，我有說錯嗎？」那就進入第三階段）

第三階段：「原來如此，原來您那樣認為呀。」

不需要刻意去解釋對方錯誤的想法，不斷地以對方理解的方式，用提問來引導對話吧！諧星金淑也說過類似的話，面對習慣開黃腔和說髒話的男性就該利用「反覆」與「嚴肅」來應對，只要表情嚴肅地不斷重複對方錯誤的言論，反問：「你真的那麼認為嗎？」就能引導對方往正確的方向改變。

不過，說完最後的第三階段的「原來如此」後，對方若是依舊回答低水準的言論時，該怎麼辦呢？假設已經給了最後一次機會，對方也是持續說出「距離感零分」的話，這種時候就沒辦法了，他已經證明自己是必須避而遠之的對象了，因此必須切斷關係才對。如果只是一味地忍耐，終究只會危害到我們自己的精神健康而已。

距離是一種保護自己的最基本措施，希望各位不要逃避忽視距離的人，而是要能鼓起勇氣正面對抗。必須要抗議，並且大聲問對方為何要做出這種事？儘管如此還是沒有變化的話，就該保持一些距離，必要時，就該毅然決然選擇分開。就算是在職場上發生且攸關生計，賺錢固然很重要，但假設那個地方充滿會傷害他人靈魂的怪咖，就不該屈就於那種煎熬難受的工作環境。

與其勉強維持關係，乾淨俐落的絕交才是為了自己好，雖然令人覺得遺憾，我們的人生光是用來與契合的人來往都嫌不夠了。現在，當對方證明自己是該遠離之對象時，我就會毫不眷戀地遠離對方。因為我很清楚，假設如果有人讓我很憂鬱，只要不和那個人分開，情況就只會持續惡化下去。「斷絕惡劣關係」將會帶來「更美好的關係」，與其因為異常的關係感到難熬，利用那個時間去尋找懂得維持適當距離的人，建立好的人際關係，才是讓我們人生加分的方法。

# 29 三階段打發低水準的人際關係

在二〇一八年，全世界有許多可惡的壞蛋被揪出來。一個名為「MeToo」的主題標籤引發一連串效應，而文化界發生性侵事件的人士特別可觀。創造美麗的詩詞、寫著充滿省思的小說、演出帶來感動的戲劇……藝文領域的頂尖巨匠，竟然憑藉權勢地位而侵犯女性的身體，讓大家都感到相當驚訝和錯愕。

「如果我再年輕個十歲，應該早就把妳吃掉了。」

一名年輕的女性詩人好不容易成功闖進文學界後，第一次參加作家聚會時她才二十歲，有人調戲她說了這句話。換成是我的話，大概會說：「你說什麼？王八蛋！」然後就這樣和詩說永別了吧。女性果然很堅強，那名女性至今依然活躍於詩壇，我替妳加油！同時也想猜測一下，如果質問那個戲弄人的混蛋為何要說出那種話，大概也只會回答：「這又不算什麼，妳還真是小心眼」、「妳生氣了呀，好，抱歉，我的個性通常不會記恨，我也會忘記」之類的低水準言語吧。

如果是這一類低級生物聚集的團體，那就該堅決斷絕關係！我們不需要和所有的人都保持良好關係，因為任何事物都沒有比我的時間更珍貴，而且這是屬於我的人生，因此，我們應該斬釘截鐵地和那些「不像樣的傢伙」斷絕關係。如果有人對你說：「如果我再年輕個十歲，應該早就把你吃掉了。」你應該睜大雙眼、抬起下巴、以嘲笑般的口氣反問說：「您那是什麼意思呢？」不能就這樣善罷甘休！

若是突然發生這一類的事情，正常人都會感到驚慌失措，若是沒有做好準備，很容易就會使用錯誤的方式應對。因此，事先想好一些可能會出現的低水準言論，且做好準備來應對也是不錯的方法。

——如果我再年輕個十歲，應該早就抓住你的手了。

——如果我再年輕個十歲，應該早就和你交往了。

——如果我再年輕個十歲，應該早就找你一起單獨去旅行了……

假設你是一名女性，有一個年紀、職階、名譽、財富等從一切層面來說都遠遠勝於你的男性，對你說了這一類的話。你是否只是在心裡咒罵說「男人都是一群禽獸！」然後獨自平息這股不舒服感呢？希望你千萬別這麼做，如果能「立刻」和「當場」回答說：「那句話應該不是對我說的吧？如果是對我說，我覺得相當不舒服！」都已經給予這種程度的「體貼」了，將對方不清楚的部分說明給對方聽，這並非「毫無意義的指責」，而是「溫暖的貼心」。若是對方依舊說出：「幹麼因為這種小事計較呢？出社會又不是一天、兩天的事情了」之類的話呢？接下來就要試著進行公式化，總共是三個階段。

第一階段：淺笑回應

第二階段：開啟智慧型手機的錄音功能。

## 第三階段：說：「請再說一次。」

非得做到這種程度嗎？試著重複唸兩次下列的內容。

「這不是我的責任、不是我的問題，是他的責任、是他的問題。」

有件事一定要牢記在心，想要和全世界的人維持良好關係和累積人脈，這只是一個不切實際的妄想罷了。壞就是壞，好就是好，面對會造成問題的言語，要嚴肅面對且要求道歉，倘若對方看見你的態度後出現「幹麼因為小事生氣」的反應，那對方就屬於「壞人」，壞就該說是壞，不須刻意拐彎抹角。

與其委屈地說：「你怎麼能這樣對我呢？」你可以回答：「今天因為你是遇到我，才會這樣就放過你！」倘若更進一步將你的委屈告訴第三者，卻得到「對方只會出一張嘴而已，但實際上並不是那種人」之類的回答呢？這樣反而更好，趁這次的機會了解第三者的智慧水準及基本禮儀，往後也要盡可能和那個人保持距離。

和低水準的生物越快斷絕關係越好，和真正喜歡的人見面時間就嫌不夠了，那麼該如何遠離那一類的人呢？試著舉例吧！

第一，若是在街上遇見「低級的生物」呢？當然是「加快腳步」離開現場！此時不需要因為自己刻意避開對方而感到自責，因為「並不是害怕而避開對方，而是覺得骯髒才會選擇避開」而已。

第二，假設你已經感覺到他的視線了，一般來說，這種時候都會不自覺避開視線且低頭，但不需要做到這種程度。責任不在你身上，因為錯的是對方，抬起頭眼睛注視前方吧！但不要注視那個人，而是要把視線移動到那個人身高三倍左右的位置。倘若是建築物就注視建築物，如果是天空就注視雲朵，如果能露出笑容且表現出悠哉的態度也不錯。

第三，如果是逼不得已會擦身而過的情況呢？可以假裝專心聽音樂，戴上耳機輕輕前後搖擺頭部，並且注視前方或旁邊。以類似的方法假裝忙碌也無妨，如果手上有紙張也可以假裝在看資料，若是沒有紙張，建議可以看智慧型手機。

你想要和所有人都維持良好關係的想法很好，但想要和所有人都締結良好關係是欠缺考慮的想法。與其盲目地想要跟所有人打好關係，我反而希望各位能專注於質疑「我所依賴的這段關係是不是虛構的呢？」希望各位能放輕鬆往這個方向思考。「沒錯！這種微不足道的人際關係算什麼！不要見面就好了呀！」假設我和對方之間的交談內容並不健康，保持距離才是正確之道。就算問對方說：「為何你要說那種話呢？」對方卻回答：「我只是開玩笑而已，你幹麼要這麼認真呢？」那代表此時就是該保持距離的時候了。鄭重一點向對方說：「我覺得不舒服！」並且讓自己熟悉以刁鑽的方式回應！人生總會有必須提高分貝的時候，請在這種時候大聲回應吧。

# 30 討厭直說無妨，避免人際距離惡化

臉書社團「厭瓜團：討厭小黃瓜者的社團」有超過十萬名的成員，他們討厭的職棒選手是背號「52*」的人，聽說他們非常積極建議冷麵店改寫菜單，舉例來說，假設有一家冷麵店的菜單如下：

——菜單——

水冷麵／九千韓圜（約新台幣二百三十元）

涼拌冷麵／九千韓圜

* 韓文發音與小黃瓜一樣

他們希望店家把有加小黃瓜及沒加小黃瓜的冷麵分開寫，把菜單變更為下列寫法。

——菜單——

水冷麵／九千韓圜

小黃瓜水冷麵／九千五百韓圜（約新台幣二百五十元）

涼拌冷麵／九千韓圜

小黃瓜涼拌冷麵／九千五百韓圜

當我跟他人說這件事後，對方立刻翻白眼說：「那些人也太閒了吧！」聽見他說的話後，我立刻回說：「他們並不是太閒，而是做自己該做的事情，不需要給討厭的事物任何理由。」

倘若有人以威迫的口氣質疑他人討厭的事物說：「你為什麼要這樣呢？為何只有你這樣呢？」這一類型的人反而更有問題。現在世界已經演變成能接受多元化的人占優勢的時代，若是無法接受他人的喜好，甚至說出「羞辱」的話，等於暴露自己只是一個不懂得關係距離的人而已。假設你是這一類型的人，又害怕遭受來自他人的「羞辱」，那就該知道「討厭的事物不需要有理由，他人的喜好絕對要給予尊重」是人際關係的基本態度，同時也必須牢記在心。有人曾開玩笑說「厭尊主義」取代「存在主義」的時代已經來了，「厭尊主義」意思是指連厭惡也該尊重，就算是討厭某個事物也該理直氣壯表現出來。它的意思是積極表現自己的喜好，反映廣泛接受個人多元化的時代已經來臨了。現在，無法尊重他人獨特喜好的人反而會先被社會驅逐。

只依「自私欲望」而生存的人出奇地多，他們被自私的欲望掌控，甚至使用自身尺度來衡量他人，以「這個人是否對我有幫助？」來衡量彼此之間的關係。我們沒有理由和這種以有用與否來評斷我們的人走得太近，不分青紅皂白就強迫他人做討厭的事情，這樣的人才更該懂得羞愧。無法認同「討厭不需要理由」這項論點的人，以及威迫說「到底是討厭什麼呢？」且要求解釋理由的人，就算被視為應該避而遠之的人也是理所當然的。

最後還有一點，假設各位身邊有想要保持距離卻不得不經常見面的人，那該怎麼做才好呢？在無法保持距離的情況下，對方說一些我們根本就不想聽、也對我們毫無助益的言論，而且對方又是職場上司、公司前輩、學校前輩，此時得先「傾聽」一下，因為這是基本的交談禮儀，不過，全部聽完後一定要說下面這句話。

「聽過您說的話後，我稍微能理解了，但我依然無法認同，而且也不想更深入了解這件事。今後我不想再討論這個問題，請您也考慮一下我的感受。」

有一名成功的事業家說：「我在創業過程中學到的並非解決問題的方法，而是迴避的技術。」人生亦是如此，各位要不要試著秉持「我們的人生並不需要學習和那些麻煩的人一起解決問題，而是要學習迴避」的觀念呢？從現在開始，勇敢對「作威作福」的人說「不！」或是「不對！」並且勇於做自己吧！

表達厭惡時，只要說「我」討厭就可以了，不需要把討厭的東西變成「你」的，不該說：「那樣說是不對的吧？」改口說：「我認為你說錯了」才是正確的。假設公司的組長要求說：「明天可以準備好資料嗎？」不該回答說：「明天怎麼可能呢？換成是組長您辦得到嗎？」而是該正確地把「我」當作主詞說：「我目前還有很多事情要做，可能有點困難。」這樣的說法會更好。為了自我保護而刻意把對方設定在自己的立場上只會傷害彼此的感情而已，只要表明說「我自己」討厭就行了。

我要來談一下寵物犬的事情，飼養寵物犬的人都會以「我的孩子」、「我們家的孩子」等充滿愛的方式稱呼寵物犬。或許有人會認為：「怎麼能把小狗比喻成小孩呢？」但這句話根本就沒有考慮到他人的喜好，所以我決定忽視不理會。問題就在於「你的孩子」在他人眼中可能並不是「你的孩子」，「我的孩子」做什麼都很可愛，但「其他人的孩子」呢？小孩在咖啡廳咿咿呀呀唱歌時，小孩的爸爸可能覺得很可愛，但對於旁邊靜靜聽音樂的某人來說，卻是「令人討厭的對象」。寵物犬也同樣如此，因此當沒有綁項圈的狗衝過來時，會驚慌失措、用行動阻擋是理所當然的事情。為什麼？因為討厭就是討厭。

無法認同這一點就會發生爭執，主張「我的孩子不會咬人」且和寵物犬一起生活的人之所以其態度看起來很自私，是因為有一小部分人認為主人根本就無法控制寵物犬。寵物犬衝向某個討厭狗的人，在此一過程中對方與堅持寵物犬沒問題的主人發生爭執，並且演變成「飼養狗的人很自私」的認知。

不管是寵物犬或小孩都是一樣，他們都有屬於各自的本性，看見人就會溫馴接近的狗及煩躁時就會大哭的小孩，他們本身都沒有任何問題，但責任在於無法控制寵物犬和小孩的監護人身上。假設今天有一隻狗沒有綁繩子且四處徘徊、有一個小孩在端有熱湯的餐廳中四處亂跑，此時某人大喊：「小心一點啦！」且露出一副厭惡的表情呢？寵物犬或小孩的監護人不該說：「牠又沒有咬人（又沒有撞到），說話幹麼要那麼大聲呢？」若是無法道歉，就等於證明他是不懂得自己與世界的距離及誤解彼此關係距離的人。

「我是因為討厭而說討厭而已。」

「討厭不需要理由。」

只要記得這兩句話，就能避免與他人之間的距離趨向惡化。

另一方面，這些話也能當作自我保護的方法。

在我國小六年級的時候，我成為班長候選人之一，競爭對手是同學載哲和靜恩。我至今無法忘記，平常有去上演講課程的載哲提高音量拜託大家選他為班長的情景，靜恩也不是好惹的對手，利用清脆的嗓音談論選出女班長的必要性，看見他們的表現後我不禁感到害怕。我之所以會成為班長候選人，只是因為被某人推薦，終於輪到我發表意見了。

「我不要當班長，不過我會參選副班長。」

大家都感到相當訝異，老師也覺得很荒謬，結果我以第二高票落選了，與最高票的載哲票數相差不多。後來，我輕易就當選了副班長，那一天我被媽媽臭罵了一頓。媽媽責怪我說：「別人巴不得成為班長，為何你會這樣呢？」

現在，仔細回想起來，我認為只是發揮了自己的人生戰略，而且我一點都不覺得遺憾，我來說明一下那個人生戰略。

「沒有理由刻意去參與無法讓我幸福的事情。」

當時，比起當選班長的快感，我選擇了「舒適」、「安樂」及最重要的「不要費心思」等能夠讓我幸福的要素，我和老師、同學因此得以有機會保持適當的距離，我對自己當時的選擇感到自豪。雖然經過了漫長的歲月，我要稱讚一下自己當時擁有能拒絕討厭事情的勇氣，比起怯於表達想法而被牽著鼻子走，好上一百萬倍。想要保持距離時卻猶豫不決，然後就這樣勉為其難做某件事，我的人生並不曾發生過這種浪費時間的情況。

這種情況在我們的日常生活中經常可見，當有人問說：「你不喜歡我嗎？」不要回答「好像不喜歡」，而是要回答「嗯，我不喜歡你！」這是為了不讓彼此浪費時間以及為了彼此的幸福著想，屬於一種積極的人際關係技巧。千萬不要敷衍浪費了自己的選擇機會！自己的人生受到他人擺布是一件令人厭煩且疲憊的事情，我們並不是機器人，也不需要可憐到一輩子都得等待他人的選擇，因此，可以選擇時就該勇於表達「討厭」「不是」才是正確的生存之道。

能勇敢說出討厭的人，在未能聽到自己想要的答案時，有勇氣能瀟灑地避開，不是只有自己想遠離對方時才會離開，當對方想和自己保持距離時，也會欣然接受。保持距離並不是討厭對方、不想見到對方時才需要的概念，懂得在愛情方面保持距離，可說是距離高手才能辦到的事情。

# 31 不必犧牲自己情緒防線的兩個方法

整天都得傾聽顧客抱怨的客服人員偶爾也會聽見一些莫名其妙的話，包含讓人難以啟齒的髒話、甚至是噁心的性騷擾，這個世界上有各式各樣的人，但侵犯他人情緒的言行是無法容忍的。忽視對方的感受、只因為自己較於優越就口無遮攔的人，本身就是傷害這個世界的存在。

顧客：「我買了貴公司的手機，但貴公司卻一直沒有幫我開通號碼，導致我一個小時都無法使用電話。」

客服：「轉移門號需要一點時間，造成您的不便，真的很抱歉。」

顧客：「喂，不要只會道歉，你們打算怎麼做？叫你們老闆聽電話。」

客服：「很抱歉，受理文件的過程中似乎發生了一點疏失。」
顧客：「什麼？這樣像話嗎？喂，你立刻來我家道歉。」
客服：「啊，顧客，我……」
顧客：「告訴你主管，我一小時無法使用電話，所以你們要付一百萬韓幣當作賠償金。」
客服：「是，我……」
顧客：「你聽懂了嗎？你為什麼不回答？你這 ×××，你找死嗎？哼？」
客服：「……」

只因為處於劣勢、因為是客服中心的職員，所以只能逆來順受，我對他們受到的情緒傷害感到不捨。客服並不是「無條件允許口無遮攔的角色」，顧客與客服之間的距離同樣也該受到尊重，客服也有自己能遵守的情緒防線。不斷向客服發飆的顧客，根本就是嚴重誤解自己與客服之間的距離。

以前，客服大部分都是必須單方面「承受」和單方面傾聽，但所幸現在並非如此，營運客服中心的公司並未對此放任不管，不僅具體制訂了面對隨便侵犯他人情緒之顧客的應對手冊，而且還讓相關人員積極應對。方法大致上如下。

第一，忽視。

舉例來說，以韓國某家信用卡公司給客服的應對守則，如果遇到不講理的顧客，就直接掛斷電話！「奧客能稱得上是顧客嗎？就只是討厭鬼而已！」像這樣的電話可以單方面掛斷，這可說是史無前例的措施。也因為這樣，不僅降低了客服的離職率，也縮短了真心想要打電話給客服的好顧客的等待時間。用前面提過的奧客事例來比喻，大概會是以下這種情境。

顧客：「告訴你主管，我一小時無法使用電話，所以你們要付一百萬韓幣當作賠償金。」

客服：「是，我……」

顧客：「你聽懂了嗎？你為什麼不回答？你這 ×××，你找死嗎？哼？」

客服：「我要掛電話了，謝謝。」

連我看了都覺得很痛快。

向來都以顧客為尊的服務業界，也破天荒採納了該信用卡公司的政策，由於服務業秉持強烈的「面對顧客一律都得保持親切態度」的「錯誤概念」，若是不慎讓顧客留下不親切的印象，很可能會對品牌造成嚴重的打擊。或許此一措施實際上曾發生過問題，也或許曾對一些善良的顧客造成出乎意外的損失，儘管如此，我還是想對此一措施給予鼓掌。我認為，它是一個讓顧客與客服之間維持適當距離的良善措施。

第二，記錄。

顧客：「告訴你主管，我一小時無法使用電話，所以你們要付一百萬韓幣當作賠償金。」

客服：「是，我……」

顧客：「你聽懂了嗎？你為什麼不回答？你這×××，你找死嗎？哼？」

客服：「因為您說髒話，從現在起我們將會進行錄音，提供當作參考。」

通常，話越多的人就越膽小，只是為了防禦自己的弱點而隨便亂講話的卑劣者而已，這一類的人聽見「錄音」兩個字後，大概就不敢再輕易張開「那個骯髒的嘴巴」。記錄會讓人變成紳士，只要讓對方看一下記錄（包含錄音），對方就會對自己的言語如何被記錄表示關注和小心。

當自己粗暴的言語被某人記錄留下證據時，還敢輕易亂開口的人並不多，這一類的人平時口無遮攔，但開始記錄時就會變得格外安靜。讓奧客變成紳士的方法出奇簡單，只要告知會記錄對方說的話即可，你的周遭是否有奧客呢？現在就試著記錄吧！

試著告知對方你將要進行記錄，這樣就能復原你和那個人之間應該有的適當距離。

單方面表示要掛電話或錄音，這並非完全都是正確的做法，但若是「奧客」忽視與我之間的距離，企圖隨便侵犯我的隱私領域、我的情緒及我的私生活，我深信適當的拒絕能夠帶來和平。最好別和尚未做好說話準備的對象交談，想息事寧人而勉強尋找厭惡者的優點來說服自己，只會導致自己的心靈趨向衰弱而已。

成功固然重要，但保護自己與內心，同樣也是很重要的一件事。因此，若是遇見只會說些毫無意義的言論、只會一味地表達自身的意見而忽略對方意見的人，這種情況下，告知對方「我還有事，我得先走了」，然後就離開吧！若是想要讓無禮的對象變成紳士，不要親切地告知說「應當如何如何才能變成紳士」，只要選擇忽視或記錄下來就行了。

我不太喜歡「犧牲」這個詞彙，值得為了某個人事物而不重視自己，導致捨棄性命、財產和名譽嗎？姑且先不論財產或名譽，但這個世界上能和性命交換的貴重價值可說是非常多。同理，認為客服就得默默承受奧客的惡言、應該承擔這點程度的犧牲，這種想法是一種偽善、壓迫和暴力。

面對毫無對策的強迫性犧牲，就該懂得一刀兩斷，覺得難受時，選擇自私才是正解，因此必要時就該忽視和記錄！這就是守護自己的方法。

# 第6章

▲

# 這樣說，不造成傷害也避免被傷害

# 32 這些打壞關係的話，不該說出口

該說話時保持沉默，不該說話時卻又刻意說些不必要的話，這樣的行為會讓關係亂七八糟，無論是朋友、父母與子女、上司與部下或情人之間都是如此。

雖然，說「該說的話」且拉近距離是必要的，但為了維持最基本的距離，有些話「不該說」且需要格外小心謹慎，就讓我們來了解一下吧。

## 打壞關係的錯誤發言案例1

「如果你是我弟弟，早就被我痛扁一頓了。」

以前我還是新人時，有主管曾對我說過這麼一句話，當時，我雖然露出卑微的表情且回答「是，真是抱歉！」但現在，隨便說出這種話的人應該會被視為是「糟老頭」「不想親近之生物第一名」。其他像是「因為我把你當作兒子看待」、「因為我把妳當作女兒看待」等也都是惹人厭的謬論，若是不想被視為糟老頭，就不該做出這種硬扯上血緣的愚蠢行為。

這一類的人說話時有一項特徵，那就是「愛提當年勇」！把「我年輕時不會這樣……」之類的話當作口頭禪掛在嘴上，各位是否有說過這樣的話呢？千萬要小心一點！因為對方並不是你的弟弟或妹妹，就算實際上是你的弟弟或妹妹，也不能隨便說出那種話。時代不停變遷，就該懂得順應時勢！別人就是別人，不要誤以為別人歸你管！幾乎每個月都能看見因為一句話或是一個行動，而導致事業在一夕之間垮台的新聞不是嗎？不該說的話就別說。

## 打壞關係的錯誤發言案例2

「你生氣了吧？」

當對方表達出情緒時，我們若是直率地講出像上面那句話來表達想法，對於維持基本距離來說算是失敗的一種方式。察覺情緒、整理情緒的動作應該由對方來執行，不要企圖奪取對方的主導權。假設非得要介入的話，頂多只能鼓勵對方自己體驗和表達那份情緒。透過「假設性的表達」說話方式，如同下列的例子：

「發生什麼事了？你看起來好像在生我的氣。」

**打壞關係的錯誤發言案例3**

「你高中時不是獨行俠嗎？但現在竟然是公司的管理階層？差太多了吧！哈哈哈。」

不要提起對方不堪回首的過去！我明白你只是想要稱讚對方，但那也許是對方努力想忘記的過去。你的言語讓對方想起自己過去差勁的形象，而且還是一段經過努力才好不容易戰勝的記憶，這樣的行為會讓對方想要遠離你。千萬別說出「你以前肥得跟豬沒有兩樣，現在卻變這麼苗條？你有吃中藥嗎？」「你以前功課不是很差嗎？你是怎麼變成教授的呢？」之類的垃圾話！

## 打壞關係的錯誤發言案例 4

「我們現在是什麼關係呢？」

這是男女關係當中常見的一句話，想確認關係是理所當然的事情，話雖如此，將「我們的關係」、「我們的距離」的決定權推給對方，這種說話方式只會導致關係的距離產生異變。對方會恐懼「會不會因為說錯話而發生問題呢？」擔心「因為說話太超過而被看輕該怎麼辦？」甚至會導致不愉快。倘若你即使如此還是想要解開疑惑，該怎麼說才不會傷害彼此的關係且維持適當距離呢？很簡單，就先準確地說出你的感受吧！

「我很認真在思考和你的未來。」

「我期待和你走入更美好的階段。」

以這樣的方式說出自己的意見，並且等待對方的回應吧。

## 打壞關係的錯誤發言案例5

「非得要整天都待在教會嗎？」

每個人都擁有宗教信仰的自由，依照情況不同，說不定，對你的另一半來說「宗教的重要程度勝於你」。你覺得不可能嗎？這是你個人的想法，若是想維持適當的距離，就不能否認有這樣的可能性。

反之，假設交往對象說：「我只想和受過洗禮的基督教徒交往。」那並非基督教徒的你會怎麼回答呢？是會逼問對方說：「宗教重要？還是我重要呢？」抑或是斬釘截鐵地說：「我們家代代都是佛教徒，別妄想了！」呢？先別急著說出結論吧！也不要擅自判斷對方的想法，那麼該如何回答呢？只要平靜地說出自己的想法就行了。

「我還沒準備好，若是改變心意我會考慮看看，但不是現在！」

不只是宗教而已，政治上的意見分歧、對於性別問題的異議、甚至是對於寵物的想法等都是各自思考後決定是否能接受的事情，並非單方面的壓制性要求就能達到目的。如果你對喜歡小狗且正在飼養小狗的另一半說：「到處都是毛，為什麼要在家養狗呢？而且花費的錢又不少，一定要養嗎？」這種方式完全忽略了與對方之間的距離。以下列的方式溝通吧。

「因為我不曾在家裡養狗……而且好像對狗毛會過敏……」

## 只要這樣說就可以了。

透過以上幾項事例，相信各位已經了解到哪一類的話不該說，此外，日常生活中有許多話在說出口之前也該謹慎一點。例如：另一半告訴你：「我今天要跟朋友一起吃飯！」若是你追根究柢地問：「和誰吃飯？是男生還是女生？為何要見面呢？」之類的話，那就等於證明自己是連維持最低程度距離都不懂的人。每個人都會有就算在交往也不想整天膩在一起的時候，搞清楚其中的道理，就等於是弄懂距離感的真髓，若是想要維持適當的距離，那就該平心靜氣地說：

「嗯，好，多吃一點，回家時要注意安全喔。」

「很好呀，反正你也很久沒出去玩了，好好享受吧。」

每個人都有屬於自己的空間，我與對方的空間需要存在著適當的距離，不需要把耳朵貼在對方的牆上偷聽，也不需要竭盡所能想要探聽出他不想說的祕密。若是想進入對方的空間，應該先敲門取得允許，然後再慢慢推開門進去，才是正常的程序。關鍵是「慢慢地」，縮短和他人之間的距離並不是百米賽跑，而是和長距離馬拉松一樣，慢慢跑到折返點再折回來。不要盲目地想要一口氣知道一切，而是該帶著寬容和耐心慢慢打開對方的心，並且維持彼此適當的關係距離吧！

# 33 不輕易判斷他人的行為與言語

作家羅珊・蓋伊（Roxane Gay）在回憶錄《飢餓》中說出自己十二歲時遭受性侵的事實，加害者是她當時喜歡的男生和他的多名朋友，她在苦痛中選擇的出口是成為「沉重的人」。她刻意讓自己變胖，成為不會讓任何男性產生欲望的對象，為了盡可能遠離性侵造成的創傷，她選擇的是增加自己的體重。她決定將身體塑造成自己最需要的狀態，也就是安全的狀態。增重到兩百五十公斤的她，形容自己的身體不再是一艘「小而脆弱的船」，而是一個「龐大且沉重的港口」。

老實說，假設我們在路上看見她，說不定會認為：「真是的，連自我管理都不會，怎麼能肥成那副德性呢？」不明白她為了不再繼續受到傷害，想要和世界保持距離而做出那種痛苦的努力，就這樣犯下隨便亂判斷他人的錯誤。世上有比「明明就不清楚」

就隨便亂判斷他人更狂妄無知的行為嗎？現在就立刻停止在不清楚對方特殊環境的情況下隨便做出判斷。

有些狀況下，即便我們並沒有那種意圖，但對方卻因為你的一句話感覺到距離感且深感遺憾。

有一名三十多歲的男性對我說，自己因為小事情和交往兩年的女朋友吵架了，在女朋友生日那天，他準備了小禮物，而且一起享用美味的晚餐。雖然是值得慶祝的日子，但那一天該名男性卻格外的「鬱悶」，他在規劃新專案的報告過程中遭到否決，被公司高層訓了一頓。雖然和心愛的女友在一起笑得很開心，但內心卻因為工作的事情而感到相當沉重。也許因為心理影響了生理，整個晚上他都覺得相當疲憊。

晚餐結束後，他們便去一間時髦的咖啡廳喝咖啡、聊天，但他不自覺的說：「今天不累嗎？走吧，我帶妳回家。」女朋友頓時感到遲疑且表情顯得相當不自然，但還是回答說：「啊，好吧，看來你今天很累，走吧！」兩人在搭計程車前往女友家的途中沒有任何的交談，而且目前已經冷戰好幾天了，他也搞不清楚是誰先開始的。

其實，他們兩個是同公司的情侶，兩個都是我認識的朋友，我利用午餐時間找了該名女性朋友說：「聽說發生那種事情？妳可能對他有點誤會了……」我話才剛說完，她接著說：「我知道，我透過其他朋友知道那一天在公司發生不好的事情，這種事我也能理解，但那一天讓我難過的並不是只有他說要回家的那句話而已，我對自己無法開導男朋友這件事覺得很羞愧，因為我希望我們能在遇到困難時互相幫助……」

也就是說，比起男朋友說的話，男朋友無法與她分憂解勞的態度，更讓人覺得有距離感，她似乎認為對方沒有把自己視為是心靈伴侶，後來那個距離感就變成讓彼此難以恢復關係的裂縫，從這個情況來看，人與人之間的關係真的是很困難的一項課題。本來在猶豫是否要靠近，但真正靠近對方後，對方卻往後退且無法靠近；若是往後退的話，對方反而會覺得有距離感。

若是聽見珍視和心愛的朋友說：「我們今天暫時保持一點距離吧！」大部分的人都會認為是永別的意思，原本是想維持更好的距離，但這個想法被扭曲為想讓關係暫時休息，甚至誤解為「我們的關係要結束了嗎？」的意思。在關係過度緊密或盲目遠離的狀況下，若對方說要保持適當距離，並不需要難過，也不需要因此而生氣和失望。

其實，和他人見面交談、累積情感和維持關係是一件相當困難的事情，為了能保持適當距離和更進一步懂得縮短距離，就該向擅長溝通的人學習說話技巧。

## 34 平靜的撫慰勝於盲目鼓勵

在這個把「不分青紅皂白讓對方接受自己意見」視為是一種能力，而且不注重「安慰和鼓勵彼此內心之溝通方式」的時代，不需要說些會造成他人負擔的言語，增添世界的混亂。想要針對他人的苦痛或煩惱給予助言，卻反而被視為仇人，這更是讓人感到遺憾。突然想到已故歌手申海澈說過的話。

「不要對他人的煩惱給予任何評論，那是絕對不該說的話！有些人把『哎呦，幹麼計較這種事？』當作是安慰的話，千萬別對難過的人說出這種話。」申海澈似乎懂得判斷與他人之間的距離，他認為我們不該隨便安慰他人，也不該隨便幫助他人，而這些話也讓我深深反省自己。其實我也曾對他人說過：「世界上比你更苦的人多得是」之類的話，如同使用鐮刀砍稻草般輕率評論他人的煩惱，我以前經常這樣，我承認，那也是我常犯下的錯誤習慣之一。我現在正努力一點一點修改這樣的錯誤。

假設有一個人很難過，你會對他說：「沒關係！大家都是這樣過來的！又不是什麼大事？很快就會好轉的」之類的話嗎？建議各位千萬別這麼做！那只是毫無意義的鼓勵罷了，那面對受到創傷的人該怎麼說話呢？

「你的感受我無法真正了解，我想你大概很難受和痛苦吧。」

不要盲目給予鼓勵，靜靜地給予一句安慰的話，其實就能協助對方克服失戀、離別的悲傷，以及因人際關係所造成的疲倦和痛苦等。

# 35 讓關係變冷淡的「為什麼」

我們對於「為什麼」這個單字需要格外小心謹慎，關係在說出「為什麼」的那一刻就會變冷淡，說話時若是以「為什麼」開頭，看起來就像是對他人的想法表現距離感一樣。假設你是研究A專門領域的學者，不斷地針對A詢問「為什麼」是理所當然的，因為「為什麼」開頭的疑問會提供探索的機會。

但若是「為什麼」的對象是眼前的人物，你那以「為什麼」開頭的疑問，會讓人有在指責對方錯誤的感覺，對方理所當然會對你採取防禦姿態。為了維持好的關係、適當的距離，和他人交談時，把「為什麼」這個單字從對話中刪除，會是不錯的方法。

如果能以「你是因為什麼事而生氣的呢？」「看來似乎有事讓你覺得不開心」等委婉的方式，縮短和對方之間的距離會更好。

反之，有許多人無法隨心所欲使用「為什麼」提出疑問，這也是令人相當惋惜的一件事。我無意間得知一個故事，因為婆媳之間的糾紛，媳婦連續兩年間都不曾踏進婆家。婆婆希望媳婦扮演好「媳婦角色」，而媳婦反抗導致不合，糾紛從媳婦不讓婆婆見心愛的孫子而達到最高峰。媳婦將此一過程拍成紀錄片，看完這部電影產生共鳴的許多女性都紛紛讚不絕口，媳婦在接受媒體訪談中說：

「婆家的長輩們都沒有問我為什麼會這麼生氣？只說身為媳婦怎麼能頂撞長輩呢？只是一味地強調長幼之間的階級關係而已。」（摘自二〇一八年一月二十五日的《中央日報》）

前面談到，提出疑問時，不要總是說「為什麼」，而說「是因為什麼」或「怎麼一回事」，不過，訪談中的媳婦抵制以「怎麼」開頭的提問方式，而是期待以「為什麼」開頭的提問。這是怎麼回事呢？理由很簡單，因為「怎麼」的提問方式用錯了！

「身為媳婦怎麼能頂撞長輩呢？」是一個已經包含判斷的疑問句，這樣的疑問無法讓對方感受到關心。使用「是不是發生什麼事了？」「你在想些什麼呢？」之類的說話方式，靜靜地接近對方應該會是更有效果的提問方式吧？而且竟然沒有人問「為什麼她會這麼生氣？」我們的對話環境似乎連提問的方法都不太清楚，真是令人感到遺憾。

透過這些事例，重新思考一下關係的距離，如果婆婆和媳婦都把彼此視為獨立個體且謹慎對待的話，就算有不開心的時候，只要持續努力就一定能縮短彼此之間的距離。在縮短距離之前，只要思考能讓彼此都感到舒適的適當距離，大概就不會發生奶奶連續兩年都見不到孫子的悲劇吧。結婚是價值觀完全不同的兩人互相妥協配合的過程，在此一過程中介入的關係者們，必須互相認同和對方之間的適當距離，並且配合此一適當的距離行動。

懂得適當縮短距離的人，不會隨便說出「為什麼？」，他們就算想說「為什麼當時你這麼早說要回家呢？」的情況下也會是說：「當時發生了什麼事吧？是不需要我擔心的事情吧？」反而是用為對方設想的言語縮短距離。

倘若一直覺得和某人有距離感且無法縮短距離的話，試著思考自己的言語中是否經常包含「為什麼」這個單字吧！希望各位能學會使用以「怎麼」或是「什麼」為出發點的提問方式。前提是保留了對方的判斷且思考雙方距離的觀點，若是對於他人的共鳴不包含距離感，很容易就會淪落為虛偽的共鳴與毫無意義的干涉。希望我們都不會成為破壞關係距離且讓他人感到痛苦的當事者。

# 36 不拖泥帶水，留下美好的回憶

我買了汽車保險，因為我算是優良駕駛，所以還有一些優惠。由於我是一個「麻煩主義者」，我十幾年都沒有更換保險公司，不過，最近我決定要換了，理由就是下列介紹的情節。

我之前透過電話諮詢重新加入了保險，透過ＡＰＰ軟體讓價格更優惠，我本來以為會很複雜的，但卻出奇簡單。雖然繁瑣的選擇項目讓人覺得煩，但後來還是順利結束了。幾天後，汽車保險公司打電話來了。

我：「喂，我是金範俊。」

對方：「這裡是顧客您購買的○○汽車保險。」

我：「是，有什麼事呢？」

對方：「您購買的汽車保險已經順利獲得優惠，保險已經生效了。」

我：「是，謝謝。」

對方：「不過，您知道光憑汽車保險無法完全支付意外相關的罰金或刑事協議金等的費用嗎？」

我：「什麼？」

對方：「只要購買我們〇〇保險推出的另一項駕駛保險……」

我是上班族，工作時間接到這種電話會覺得很煩躁，於是我便回答：「好，我考慮一下」，想要快點掛電話。後來保險公司三不五時又打來，相同的內容但不同的聲音，所以我決定了，明天要把已經加入數年的汽車保險改成其他公司，雖然只是小事情，但卻有種「背後被捅一刀」的不悅感。

我相信保險公司，「信任」也包含了能讓我的日常生活更輕鬆，雖然我加入了保險，但他們卻利用了我的資料。當然，在密密麻麻的行銷同意項目中點選同意的人是我，我很清楚錯在於我，但像這樣完全不考慮我的心情、我的情況，不分青紅皂白打電話來行銷，令人難以忍受，於是我宣示他們禁止接近，禁止和我有任何關係。不懂得和顧客維持適當的距離且盲目來電的推銷型態，讓我想要遠離他們。

現在，我知道該如何乾淨俐落解決這樣的關係，而且不會拖泥帶水。我認為以後這一類的行銷電話不會再隨隨便便打給我，而且我也不會有任何留戀，希望想要利用顧客資料推銷商品的公司，別再繼續折磨顧客了。顧客們如果遇到覺得不舒服的事情，都會使用行動代替言語，完全否定距離的存在。最可怕的顧客不是愛抱怨的顧客，而是有怨言卻不說，而且永遠不會再光臨的顧客，希望這世上所有企業都能牢記在心。

男女之間的關係亦是如此，一名女性對一名男性一見鍾情，兩人的進展非常快速，但後來卻突然分開。這種情況下一般人都不會有任何眷戀，若是其中一方厭惡的話，就不會害怕分手，而且面對離別的哀悼時間也會比較短，從某些層面來看是相當睿智的心態。

大部分的情況是愛情造成的傷害太深，導致光憑一般的哀悼根本就無法止血，儘管如此，為了再次去愛人和再次露出笑容，在適當時機應該以適當方法放棄當下的緣分。對於已經疏遠的關係若是滿心期待「不，他一定會再回來！」「我要重新開始，讓他永遠待在我身邊」，那樣只會造成自己的正常心智被一點一點遭到侵蝕。

如果是理應斷絕的關係就該毅然決然放棄！為了擁抱人生當中更多無數的美好關係，就從亂七八糟的舊情中獲得解脫吧！然後全心全意維護健全的關係，因為期待與離去的他重修舊好、因為想要再次縮短疏遠的距離而單方面費盡心思，最後只會導致內心受創而已。因此，每個人都需要具備遠離某人的方法，也就是一種「獨立宣言」的技術，這是人生必知的技術之一。

對宣示「分手」「斷絕關係」之類的「結束關係」不需要感到害怕，這不是無情的勸說，而是建議要清楚劃清界線，因為只要不再對疏遠的某人有任何眷戀，就能讓我們的日常生活更快速地恢復正常。當我們對某人說出獨立宣言時，就別對過去糾纏不清！

「那個人和我的朋友對上眼，我很生氣，所以就分手了。」
「我們在一起的那段日子，他從頭到尾都太寒酸了，所以我們就分開了。」
「因為有道德上的問題，所以我們結束了。」

這樣太難看了，與其一味地否定過去，期許未來會有所成長的自己會更棒。

「因為我覺得應該能認識更好的新對象，於是就分開了。」
「我決定嘗試新的領域，所以便決定放棄現在的工作。」
「我覺得應該能找到更棒的老師，於是便放棄現在的老師。」

如果不幸陷入泥沼當中，而且那座泥沼是令人不開心的關係，那就該盡快脫身才行。當我們可以更專注於自己珍貴的生活時，全心全意專注於生活，才會是提高生活品質的方法。

擅於維持關係距離的人，也懂得在適當時機縮短和加深和他人之間的距離，在適當時機果敢做出判斷，不僅是為了我們的人生著想，同時也是為了讓我們與世界之間的關係更好，所以進行的速度越快越好！

# 37 改用正向言語，情勢轉負為正

有一對情侶，女生提議說：「我們今天去看電影吧？」男生則不開心地回答說：「妳不知道最近沒有我喜歡的電影嗎？」就算沒有喜歡的電影，禮貌上不是也該回答說：「好，那就去看吧！希望有我喜歡的電影！」情侶就該更尊重對方不是嗎？怎麼能因為是情侶就以那種方式回答呢？這樣的關係算是健康嗎？

這樣的關係別說是有發展了，連維持都有一定程度的困難。倘若你和他人的關係一直都莫名其妙就結束了，那就試著檢視一下自己的言語吧。

自己是否一直都充斥著負面的言語呢？只要改為肯定的口氣，世界觀看我們的視線也會不一樣，和世界縮短距離的最好方法就是「說話漂亮一點」！舉例來說，你是公司的管理階層人員，為了挑選有經歷的員工而擔任面試官，有兩名面試者在競爭，面試過程中的對話如下，請問誰會被選上呢？

面試官（你）：「為什麼會離開先前的公司呢？」

面試者A：「我無法忍受前上司的不當行為，整個公司的組織氣氛相當混亂，讓我根本就無法專心工作。當然我也有盡力工作，成果也相當優秀，我覺得很自豪。」

面試者B：「前公司雖然狀況相當惡劣，但依舊給予了我能發展的機會，因為我想要創造更美好的未來、想要接觸更具挑戰性的工作，所以我才會離開前公司。」

雖然面試者A說的是事實，而且面試者B應該隱藏了真心話，但公司最終會選擇面試者B。所謂用肯定的語氣，就是指表達自己會以正面心態珍惜與感謝曾有的經驗。

倘若無知地做著傻事，不知道有一天這件事會對自己造成傷害，卻還希望他人能對自己的「意圖」抱持好感，那終究只是你自己的錯覺罷了！

就算過去的歲月難熬且艱辛，還是應該以正面態度面對。有一名職業高爾夫選手說自己球技好的祕訣是不抱持著「開球失敗，擊球太弱了！第二擊絕對不能失誤！」的想法。反而會想著：「風景真棒！第二球要送去哪裡呢？」這就是他成功的祕訣。這對「日常生活中想擊出好球」的我們來說，是一個很好的例子。

當我說出「負面話語」的那一刻，任何事情都無法實現，我的成長也會因而停止，沒有人會想要和停止成長的我縮短距離，也沒有人會想要和停止成長的我保持距離。因此，試著以肯定的思維面對自己與周圍環境吧。

舉例來說，你正在向同事講解自己負責的專案，你會選擇哪一句話當作結尾呢？

①「專案絕對不會失敗。」

②「這項專案會成功，而我也將會獲得獎勵。」

②是正確答案！希望各位能選擇正向的語言，你的同事、前輩和後輩都將會迫不

及待前來幫助你，和世界之間的距離也會往好的方向縮短。負面話語會隨著說的次數越多而越加擴大效應，希望各位不要成為刻意說出自己的「不幸」的笨蛋，我們沒有理由將厄運掛在嘴邊。

了解自己經常掛在嘴邊的負面言語，試著訓練自己將負面言語變成正向言語，這是能讓你和世界的距離往友好的方向縮近的解答，也能成為把情勢由負轉正的溝通祕訣，試著舉例來看吧。

☒「你會不會太多話了？」

☑「你的表達方式很多樣化呢！」

☒「幹麼這麼小氣呢！」

☑「你連細微的部分都有在注意耶。」

☒「你太無情了！」
☑「你做事真果斷！」
☒「你怎麼這麼膽小？」
☑「你真是小心謹慎。」
希望各位平常就能努力以正向的語言來溝通。

# 第7章 ▲ 用一句話破冰

## 38 初次見面也能一見如故

初次見面的人往往都很難接近，如果對方是顧客更是如此，假設你是一名餐廳老闆，你經營一間專門賣五花肉的餐廳，我來介紹一個能讓顧客上門時放鬆的睿智訣竅，先來看一般的事例吧。

有三名男子在傍晚時開門走進來，服務生引導客人就座和點餐。「請給我三人份的五花肉，啊，還有一瓶燒酒和兩瓶啤酒！」接著服務生轉身對廚房說：「五花肉三人份」，然後便打開擺放酒類的冰箱，服務生轉頭問顧客說：「對了，是什麼燒酒呢？是什麼啤酒呢？」三名客人頓時停止交談且互相看對方說：「你喜歡哪一牌呢？先決定啤酒吧？我跟你喜歡喝的不一樣耶，那燒酒怎麼選……」時間越拖越久，隨著新的一組客人進來，情況開始變得一團亂。

和顧客之間的距離越乾淨俐落越好，不需要和上面的事例一樣，把時間浪費在點燒酒和啤酒，我在一間餐廳的牆壁上看過這麼一段話：

「點燒酒時，請別只是說『給我燒酒』，請說出燒酒的種類！」

這是相當聰明的方式，說第二次不會覺得很煩嗎？光憑「點燒酒時要求只說品牌名稱」的方法，就能解決顧客說兩次的麻煩行為，也能省略服務生問第二遍的麻煩。

這是一種明白人際距離的聰明溝通方法，能適當縮短距離的語言，也特別能拉近我們和初次見面的人之間的距離。

有一對男女第一次見面，這時必須要有「對方有可能聽不懂我說的話」的心理準備，不過，也有些人在對方還沒做好準備就胡言亂語。

「這裡是我和前男友約會時常來的地方。」

「聽說你去大阪玩？去年我和女朋友一起去旅行三天兩夜。」

「我們都有年紀了，你是以結婚為前提來見面的吧？」

「我以前認識的男生臀部上有疣，看起來真的很醜。」

自認為坦率、幽默且很有趣，但這些卻只是侵犯他人領域的言語罷了，你那自以為是的「幽默」，卻可能會讓對方感到「幹麼對初次見面的人說那種話呢？我看起來有那麼輕浮嗎？」之類的負面情緒。如果是初次見面的關係，在對方說出主題前，靜靜聆聽且恰當地回應，才是維持適當距離的方法，就算對方大方坦承自己的缺點，也絕對不要隨便評論，點頭或沉穩回應結束這段談話才是正確之道。

在商場上也同樣如此，前往其他公司且開始交談時，如果一開始就談論來意，並不是值得推薦的態度，先提出具體的話題，再開始交談會是不錯的方式。

「會議室這麼滿，看來公司相當忙碌。」

「剛才來的路上塞車，人也很多，看來這個區域非常有活力。」

向對方提出具體要求後再開始交談也是一種聰明的方法。

「很抱歉，可以幫我的手機充電嗎？」

「我想喝水，可以幫我拿一個杯子嗎？」

有一天，我收到一名上班族的電子郵件，信件內容是「我因為新的專案而和其他部門的職員初次見面，我剛開始該怎麼說話呢？」他看過專案的跨部門小組名單後發現，只有聽過一、兩個人的名字，其他全都是初次見到的名字。有人說關係是從交談開始，到底和初次見面的人該如何開始交談呢？他覺得相當煩惱。

和初次見面的人交談，向來都是很困難的一件事，第一句話該說些什麼才能讓我們之間的距離達到我想要的程度呢？我依照下列的方式回信。

「第一句話請交給對方！」

迫不及待搶先說話卻反而容易犯下錯誤，與其費盡心思多說話，請把「發球權」

交給對方吧！比起隨便亂開口，你聆聽對方說話的態度，反而能成為引導整個說話過程的力量。假設你在和他人交談時，對方卻一副愛理不理的態度，心情會多麼不舒服呢？如果還穿插一些令人心情不愉快的言語，會怎麼樣呢？大概就會認為「看來對方不想要和我交談！」

相反地，倘若感覺到對方是真心、甚至以身體語言表現出專心聽我說話的態度，對方當然會心滿意足認為：「看來這個人是真心想要和我交談」。想要繼續交談的這股好心情就是交談的開端，以及縮近關係距離的基礎。有人說「對話並不是為了說話而進行，而是始於傾聽」，如果是初次和對方見面的話，更要懂得省話。

# 39 透過說話技巧，消弭無意義爭執

我在午餐時間都會去辦公室附近的餐廳用餐，不過，曾幾何時開始，進入餐廳時聽見的話，卻讓我覺得很不舒服。

「幾個人？」

我很清楚在人多的午餐時間想要分配好位置，確認人數是很重要的一件事，但突然聽見對方問「幾個人？」時，心情並不是很舒服。我付錢去那間餐廳吃飯，理所當然就會希望對方遵守最基本的招呼方式。有一次下班時，因為突然想喝杯啤酒，於是便去了一趟販售各種啤酒的啤酒專賣店，不過，在我坐下之前，年輕的老闆就問說：

「要喝什麼呢？」

要說我是老古板也無所謂，但客人在餐廳最想聽見的第一句話，應該是「歡迎光臨」吧？如果可以加上愉快的笑容會更棒。若是想拉近和某人之間的距離、若是想隨心所欲調控與和某人的距離，必須要懂得第一句話的重要性。不過，比起因為客滿就直接說「請出去外面等」的餐廳，問說「請問幾位呢？」的餐廳好太多了。

男女之間的關係也同樣如此，隨便說出傷害彼此親密關係之言語，而造成關係破裂的情況比比皆是。

男生：「怎麼了？發生什麼事了？」

女生：「嗯，突然有其他事得要取消約會……」

男生：「妳又來了，妳怎麼都只想到自己呢？我為了見妳，把其他活動都取消了耶。」

女生：「我不是說過了嗎？我也是逼不得已的。」

男生：「不會吧？妳幹麼要生氣啊？」

女生：「我哪有？」

情侶當中的其中一個人因為「突然」有事而取消了約會，從某些角度來看根本就不算什麼，但這個小問題卻變嚴重，進而讓美好的關係變成一團亂。故事中的情侶也是一樣，取消約會而讓彼此的情緒變激動，結局會是怎麼樣呢？隨著這一類的對話不斷地累積，最後會不會就演變成「分手」呢？就算是面對相同的情況，懂得保持關係距離的情侶，對話內容一定會不一樣。

男生：「喔？我們今天沒辦法見面嗎？」

女生：「嗯，對不起，我本來很想見面的。」

男生：「只有妳想見面而已嗎？我因為太想見妳，所以取消了全部的約會。」

女生：「我不是說過了嗎？對不起，我也沒辦法呀！我還是很想見你呀。」

男生：「我也是，我愛妳。」

女生：「我也愛你，謝謝。」

第一句話很重要，如果第一句話說得「漂亮」，問題就會變成不再是問題。我把從這對情侶身上學到的拉近距離交談技巧稱為「零意外技巧」。

第一階段：對不起。

第二階段：我愛你。

第三階段：謝謝。

無論是在職場的上下關係、親子關係及所有的關係都能運用此一方法，這將會決定關係的優劣。發生爭執時，若是先道歉說「對不起」，從道歉中告知自己的愛，並且對另一半的諒解表示感謝，通常這種情況下，對方就不會說出難聽的話。

我們經常把「愛的爭吵」視為是「相愛的兩個人之間常發生的爭執」，但事實上並非如此，「愛的爭吵」是指「就算發生爭執，也因為藉由愛消弭爭執」。原以為會吵得非常激烈的「愛的爭吵」，由於雙方都懂得使用對話技巧，因此得以避免演變成毫無意義的爭鬥。

「雖然生氣，但對不起！」

「雖然煩躁，但我愛你！」

「雖然難過，但謝謝你！」

發生爭執的過程中，也絕對不要忘記「我們依舊是深愛對方的關係」，而且要懂得說出口，如此一來便能拉近彼此之間的距離。

# 40 談自己的失敗，比成功更有共鳴

某天下班時，我突然想喝濃縮咖啡，於是便去公司前面的小型咖啡廳點了一杯瑪奇朵咖啡。大概過了五分鐘左右吧？店員端著擺有瑪奇朵咖啡的小盤子過來說：「對不起，因為我還不夠熟練……拉花的心型不夠漂亮。」我看見奶泡上的心型顯得有些歪曲，但內心卻突然變溫暖了。我回答說：「不會，很棒呀！謝謝你！」回家途中的空氣顯得格外清新，別人的一句話讓我的心情放鬆了，我覺得很愉快，我也應該多散播一些這樣的語言到世界各個角落。我們很清楚只要一句話就能拉近世界的距離，不過，我們卻吝於說出這一類的好話，應該說根本忘了它的存在。

我在一個企業進行了演講，演講過程中，有人提出了下列的疑問。

「我是一名工作已經五年的小主管，明天我底下會有菜鳥，應該說是會有新的職員加入。大概是午餐時間會和新人接觸吧，最近很多人都說和下屬交談比和高層交談來得更困難，該怎麼引導對話才能讓新認識的後輩留下好印象呢？該怎麼說話才能和身處尷尬環境且不知所措的新人拉近距離呢？我同時也想讓上司認為我是一個具備領導能力且給人帶來好感的下屬。」

我的回答如下：

「恭喜你，在初次見面的聚餐上，應該會有非常多想說的話，想要給予忠告、想要給予鼓勵，偶爾也會想要給予強烈的指責。不過，要不要試著讓自己輕鬆一點呢？不要費盡心思想要說些什麼，明天就先試著聽聽看對方會說些什麼吧！若是對方不說話就算了，若是對方開口就要表現出認真聆聽的態度。假設真的一定要說些什麼話，那就毫不吝惜地把這段期間在公司的『失敗經驗』說出來吧！因為沒有比前輩坦率說出失敗經驗和如何克服困難的故事，更能讓新人卸下心防且拉近距離的方法了。」

有部韓劇叫做《常請吃飯的漂亮姊姊》，我倒希望各位能成為「願意輕易說出失敗經驗的帥氣前輩」。談論失敗，通常更能獲得共鳴，退休後更受歡迎的知名棒球選手朴贊浩也是這樣，他在大聯盟創下一百二十四勝的輝煌紀錄，現在則是一名在演講現場表現活躍的知名講者。他的演講和人氣都相當棒，他在一場訪談中說自己受歡迎的祕訣如下。

「我在演講中談論自己表現不佳的原因，及如何戰勝逆境的方法，這一類的內容能讓聽眾更加專心聆聽，現在，我非常感謝那些折磨過我的一切，因為這一類的事例能帶給大家能量、安慰和勇氣。」

朴贊浩很清楚比起成功經驗，失敗經驗更能讓他人專注聆聽及互相溝通，他不僅運動神經發達，也擅於演講，可說是一個非常優秀的人物呢。

假設在各方面都很成功的朴贊浩擺起架子、盡說些豐功偉業，大家是否還會聆聽他說的話呢？會不會是因為知道他要談論自己的失敗經驗，所以大家才會更加專心聆聽他的演講呢？

談論失敗是一種「值得讚許的以身作則」，裝模作樣則是「令人厭煩的炫耀」。以身作則是始於謙虛，認同自身失敗且反省的行動，毫無意義的炫耀則是對方明明沒問，自己卻執意要說。

談到炫耀，讓我想到一件事。各位是否曾參加古典樂演奏會呢？我本來就是古典樂門外漢，大概幾年只會去個一次吧，不得不承認，每次去的時候都會有種莫名的壓力。其中一個壓力就是「何時要拍手」。我一開始不清楚演奏過程中何時該拍手，後來，我才知道演奏古典樂時，其樂章之間暫停的時候不該拍手，我通常絕對不會先鼓掌，而是等別人鼓掌一段時間後才會跟著鼓掌。

所以，當別人開始鼓掌時，我都會心存感激，但有一次，我卻聽見了相當刺耳的掌聲，那是坐在我正後方的一名男性，每當結束一個樂章，我都會被「啪啪啪」的掌聲嚇到。

因為我不清楚狀況，因此只能默默地跟著鼓掌，但另一方面也覺得很不開心。

感覺那個掌聲並不是在訴說「音樂賦予了我莫大的慰藉和感動」，而是在傲慢地告訴周圍的聽眾「你們根本就不清楚何時結束和何時開始吧？」因此這一類型的鼓掌也稱為「炫耀鼓掌」，意思是「為了誇示我很清楚這個艱深曲子，所以才鼓掌。」

若是想要改變某人、想和某人一起分享感動，千萬別說出「你連這種事都不懂嗎？」及做出炫耀鼓掌這類的行為，可以鄭重邀請對方說：「該是替他們加油的時候了，要不要一起鼓掌呢？」並且親身示範鼓掌。倘若有人不小心犯錯了，千萬別一味地逼迫對方說「這就是你的錯！」取而代之說「我也曾經覺得很困難，所以也犯過錯」之類能獲得共鳴的語言會來得更好。一段美好的關係，始於以身作則及能讓彼此產生共鳴的言行。

# 41 同一句話用對方的立場說出口

有一次我收到了一封電子郵件。

寄件者：金顧敏
收件者：金範俊
寄件日期：二〇一七年六月二十一日（週三）下午五點四十三分
主旨：組織內前輩的難處……

您好，
我是您的忠實讀者。

在職場上總是會有鬱悶的時候，

我想知道這種時候該如何應對呢？

〈目前的情況〉

1. 公司：教育顧問公司

2. 職級：代理（約等同於台灣常見的主任職位）

3. 團隊氣氛：部長不會直接瀏覽新進人員的企劃書，由我們先進行過第一輪的確認後才會瀏覽報告，若是不滿意新人的報告內容，就會將身為把關者的我叫去訓一頓。

4. 狀況：我在指導新人製作企劃書的過程中，該名新人似乎對我有非常多的不滿，我已經竭盡所能說得很婉轉了，但今天我忍不住爆發了！我對該名新人說：「企劃案以這種方式修改後再給我吧。」但他卻回答他會依照我的方式修改，但他認為自己原本的方式才正確。

5. 請求：我該怎麼做呢？最近的新人自我意識都非常強，如果隨便處理大概會釀成大問題，老實說，我同樣也沒時間仔細瀏覽後輩的企劃案。這到底是怎麼一回事呢？前輩挪出時間幫忙，他不但不感激，反而露出一臉不悅的表情，我也覺得很生氣。該怎麼應對才正確呢？我真的覺得很鬱悶，所以才會寫這封信向您尋求協助。

我立刻回覆下列的內容。

寄件者：金範俊
收件者：金顧敏
寄件時間：二〇一七年六月二十四日（週六）下午八點三十五分
主旨：建議可以試著這麼做

金顧敏先生，您好！

我是金範俊。

您願意寫信給能力不足的我諮詢，深感榮幸。

以下提供了一點意見給您當作參考。

《論語》裡有句話說：「無論是多麼好的諫言，若是忠告的方法錯誤，反而會失去朋友，並且被君王拋棄。」

您想要幫助後輩而給予的建議，似乎是後輩不喜歡聽的內容，所以對方反而產生了距離感。如果有時間，最好能仔細觀察該名後輩的內心，並且好好談一下，但您卻因為工作繁忙沒有多餘的時間，而剛進公司手忙腳亂的後輩，同樣也沒有多餘心力，所以似乎也無法輕易解決眼前的問題。若是還有機會，如果我站在您的立場，為了拉近與後輩的距離及彼此的成長與發展，在指導企劃案時，會試著使用下列的方式。

第一階段：把責任歸咎於組長。

「我已經將你的企劃案交給組長看過了，但組長卻指出很多問題，其實我覺得已經很不錯了呀。」

第二階段：至少要假裝形成共鳴。

「我以前也被批評到不行，當時也修改得很累，就和你現在一樣。」

第三階段：說出想說的話。

「當時我參考組長說的話修改企劃案，後來……」

第四階段：告訴對方只要依照指示進行，就會有好的結果。

「組長才終於通過了企劃案。」

第五階段：請再次對眼前的課題產生共鳴。

「我同樣也被拒絕了好幾次，很累吧？我充分理解你的心情，會越來越好的。」

若您真心替後輩著想，請不要說：「我表現得很好！」之類的話，試著說：「我的表現也沒有很好。」

與其直接指責後輩的企劃，試著談談自己的失敗經驗和克服困難的經過吧！過一段時間就會發，現原本討厭和難溝通的後輩逐漸和自己變親近，隨著口氣不同，也能拉近彼此之間的距離。

不確定這樣是否能幫上忙，僅提供當作參考，謝謝來信。

就算是相同的話，試著使用聽起來比較舒服的方式說吧！藉由一句形成共鳴的言語「我同樣一開始也表現得不好」拉近彼此之間的距離。

## 42 承認錯誤，讓關係更有彈性

有一位中年男性向我分享了自己的故事。

「我從青春期開始，就和向來都很晚歸的父親變得很生疏，爸爸雖然平常很沉默，但卻相當嚴厲，我無法輕易接近父親，父親主動接近時也讓人感到相當不自然。大概是高中時的事情吧，酒醉晚歸的父親問我：『最近過得怎麼樣？』『讀書還順利嗎？』『對弟弟好一點』等一些枯燥乏味的話，我因為巴不得立刻轉身離開，於是回答時相當不耐煩。

大概是因為不滿意我的回答態度，父親頓時生氣發飆說：『大人在說話，你怎麼擺出一副不耐煩的態度？』換作是平常的話，我大概早就說對不起了，但當時我卻莫名地生氣回說：『你突然對幾天後要期末考的我發酒瘋，而且平常你會跟我說話嗎？

幹麼突然好像很關心我一樣？』聽見我的話後，爸爸露出訝異的表情說：『你走吧！』我回到房間且用力關上門。

幾天後，我結束晚自習回到家，整個家顯得相當安靜，那一天比較晚下課，而且又和同學去吃宵夜，所以很晚才到家，爸爸、媽媽和弟弟全都已經睡覺了。我嘆了一口氣便回到房間，正打算整理桌上的書時，發現有一張小紙條，翻開後，發現是爸爸那久違的筆跡。

紙上寫著：『前幾天爸爸錯了，我不清楚你的狀況，不知道今天考試是否順利呢？那一天謝謝你告訴我，你的那番話可以讓爸爸稍微改變自己，能夠改變的選擇權在於爸爸，爸爸卻一直忘記這件事，從現在起，我會努力不要變成一個陌生的爸爸。』」

他說已經很久沒有感覺到自己和爸爸變親近了，並不只是因為紙條上另附的零用錢而已，父母親與子女之間的距離是如何變疏遠、又是如何變親近呢？

父母親是選擇當「傾聽子女說話的父母」或「只會一味地說教的陌生人」，將會決定父母與子女之間的距離是疏遠或親近。所謂的對話，並不是傲慢的自我主張，美好的對話是以承認對方的脆弱，並傾聽源自那股脆弱的每一句話為前提。子女的立場也同樣如此，是要選擇當「解讀父母內心的孩子」呢？還是選擇當「拒絕自己不想聽的一切的陌生人」呢？這決定了會拉近和父母親之間的距離，或是讓彼此更加疏遠。

# 43 適時使用感嘆詞縮短距離

中國古代會在君王身旁配置一名史官記錄君王的言行，《尚書》是一本記錄中國古代王朝之君王與臣下交談內容的書籍，被推崇為最賢明之君王的堯帝也出現在當中，其中記載堯帝和臣子的交談內容，氣氛顯得格外有趣。

堯帝：「誰能繼承我的位子呢？」
臣子一：「王的長子朱很聰明。」
堯帝：「啊！但是那個孩子不夠誠實。」
堯帝：「誰能繼承我的位子呢？」
臣子二：「目前共工深獲民心。」

堯帝：「啊！那個孩子很會說話，但卻言行不一。」

儘管臣下說自己的長子成為繼承者也絲毫不遜色，堯帝依舊提出兒子的不足之處，展現要禪讓的謙虛之心。但重要的在於他交談的態度，在翻譯原文的過程中，原本漢字標示為「於」「都」「咨」等的部分全都以「啊！」呈現，這些全都是感嘆詞，分別是「啊哈」「啊，原來如此！」「哇，對了！」等的意思。

堯舜時代最受愛戴的君王就是堯帝，不過，每當臣下說完話後，他都會先發出感嘆的口氣，而且是有點「誇張」的程度。先給予感嘆，然後才說出自己和臣子不同的意見，堯帝的反應似乎也大幅度拉近了君臣之間的距離。堯舜時代的領導者不僅懂得對他人表示尊重和遵守禮儀，「過度的感嘆」似乎也是他們溝通的基本條件。

感嘆是藉由表達情緒來縮短關係距離的一種方法，不過，曾幾何時我們開始對表達自己的情緒和想法而感到猶豫，取而代之的是習慣性肆意裁決他人的情緒和想法後才發表意見，和他人之間的距離因而漸行漸遠。舉例來說吧！

「我今天想要和你一起去看電影。」

「我現在因為公司的事情有點累。」

假設聽到對方說出這樣的話，大概不會覺得有壓力，清楚表達自己的狀態，對方也能輕易理解，藉此感受到親密感。不過，很多時候我們卻不願意說出自己的情緒，取而代之的是使用下列的方式。

「你對我現在想做什麼完全不在乎吧？」

「我的臉上不是寫著我很累嗎？為什麼你總是只會考慮到自己呢？」

把對方的言行全都視為一切問題的原因，關係的距離就這樣被摧毀了，再次回到堯帝的談話吧！當臣下說：「君王您的兒子很聰明！」時，堯帝並沒有說：「那小子確實很聰明，但卻毫無誠信可言，難道你們都不清楚他只會說些花言巧語嗎？身為臣子卻是這副模樣……唉，我還真是命苦！」他使用感嘆的方式表達了情緒，接著再說出自己的意見。他是一個懂得交談的人，不管是喜歡或討厭都懂得表現出來，不會盲目地只顧著表達自己的意見，還懂得坦率地表達情緒，並且拉近和對方之間的距離。

而我們是如何說話的呢？沒有表現出自己的情緒和自己的感嘆，而是使用「我說你呀……」「你沒看見我在忍耐嗎？」「都是你先開始的」之類的方式，把痛苦和責任全都推卸給對方。最後就會習慣「沒有受害者，只有加害者」的對話方式，我們之所以會和世界的距離疏遠是有原因的。因為一心只專注於刻薄現實中的利益，於是便忘了對於他人的尊重，一味地「想要獲得尊重」，卻忘記相對地也該尊重對方。

老實說，我也是這樣，不懂得對他人說的話表示讚美，對於貶低的語言有一己的見解，但卻極度不擅長「哇，太厲害了！」「表現得太好了，帥呆了！」之類的表達方式。

試著回想一下在生活當中常出現的言語吧。

「又不是小學生，為什麼會有那種幼稚想法呢？」

「只有你累嗎？我也很累。」

「叫你做就做，哪來這麼多話呢？」

「我早猜到你會犯錯了。」

這些不是感嘆，而是詛咒、貶低和批判的語言！只把心思放在自己說的話，就這樣犯下與他人疏遠的愚昧行為。明明知道在對話中可拉近距離的最棒技術就是去理解、認同和感嘆他人的言行，但卻還是無法辦到。以下提供一些正面的說話範例。

「哇！原來如此！雖然和我想的不太一樣……我們就一起思考看看吧。」

「啊哈！看來你戰勝了困境，我也曾遇過類似的問題，你要聽聽看嗎？」

「啊，抱歉！我太為難你了嗎？因為我也是突然接獲消息。」

「原來如此！日後一定會出現更好的事情！如果有我能幫忙的地方，隨時都能告訴我！」

俗話說「禍從口出」，若是不想和他人發生爭執、想和他人維持適當的距離、想更進一步拉近關係，從現在起就該改變說話的方式。